결국, 프랜차이즈?

> 진짜를 아는 스페셜 5인의
> 시선 이야기

박수진 권혁태
김상용 오재균 김형민

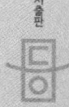

결국, 프랜차이즈?

초판1쇄 발행 · 2025년 2월 15일 발행

지 은 이 · 박수진 권혁태 김상용 오재균 김형민
펴 낸 이 · 유정숙
펴 낸 곳 · 도서출판 등
기　　획 · 우경하
관　　리 · 류권호
디 자 인 · 김현숙
편　　집 · 김은미, 이성덕

주　　소 · 서울시 노원구 덕릉로 127길 10-18
전　　화 · 02.3391.7733
이 메 일 · socs25@naver.com
홈페이지 · dngbooks.co.kr, 밝은.com

정 가 · 18,000원

- 이 책은 저작권법에 따라 보호받는 저작물이므로 무단 전재와 무단 복제를 금합니다.
- 이 책의 전부 또는 일부를 이용하려면 저자와 도서출판 (등)의 동의를 받아야 합니다.

결국, 프랜차이즈?

박수진 권혁태
김상용 오재균 김형민

길을 가다가 돌이 나타나면
약자는 그것을 걸림돌이라고 말하고
강자는 그것을 디딤돌이라고 말한다.
- 토머스 칼라일 -

프롤로그

동반성장의 힘

박수진

프랜차이즈를 상대하는 다양한 업종의 대표님들과 비즈니스 철학과 노하우를 한 권의 책에 담아냈다. 이 책의 컨셉 '프랜차이즈'를 함께하는 사람들이다. 돌이켜보니 내가 경험한 수많은 업무 중에서도 특히 프랜차이즈 본사의 브랜드 창조와 발전의 과정은 한편의 드라마만큼 감동이었다. 책을 쓰기 위해 스토리를 꺼내고 줄줄이 엮어내고 첨삭하고 퇴고하는 과정에서 가슴뭉클하고 벅차올랐다.

시각디자이너에서 '브랜딩' 전문가로 25년 한 길만 걸어왔지만 어느 한순간도 지루할 틈이 없었다.

브랜딩이란 결국 사람과 사람을 이어주는 과정이라는 점에서, 그 안에서 겪는 모든 만남과 소통은 내 인생의 중요한 부분이 되었다. 내가 만난 모든 이들은 내 삶을 더욱 풍요롭게 해주었고, 나 또한 그들의 꿈과 이야기를 브랜드라는 형태로 만들어주는 역할을 하면서 그들과 함께 성장해 왔다는 중요한 사실을 깨달았다.

지속가능한 성장을 나눈다

권혁태

지난 25년간 IT 산업의 최전선에서 변화를 주도해 오며 기업과 정부 과제에서 다양한 혁신을 이루는 과정을 함께해 왔다. 전산통계학과 컴퓨터과학에 대한 학문적 깊이뿐 아니라 현장에서의 경험을 통해 얻은 인사이트는 오늘날 디지털 전환의 핵심이 되었다. 디지털화(Digitalization)와 디지털 트랜스포메이션(DT)을 통한 기업의 혁신은 이제 선택이 아닌 필수이다. 급변하는 환경 속에서 기업들이 어떻게 디지털 기술을 통해 생존하고 성장할 수 있는지를 끊임없이 탐구하며 IT 부서와 프로젝트에 필요한 기술과 인력을 종합적으로 제공하는 솔루션 프로바이더로 자리잡게 되었다.

이 책은 오늘날 기업들이 어떤 방식으로 기술적 도전을 극복하고 지속 가능한 성장을 이룰 수 있는지, 프랜차이즈와 기업을 아우르는 IT 솔루션에 대한 이야기를 공유하고자 한다. 디지털 혁신의 여정에 대한 다양한 이야기들로, 그간의 경험을 통해 얻은 교훈과 미래 비전을 함께 나누고자 한다.

미래를 준비하는 가맹거래사

김상용

가맹거래사로 활동한 지도 어느덧 6~7년이 흘렀다. 이 길로 들어선 것은 우연처럼 보였지만, 돌이켜 보면 편의점 본부에서의 첫 발자국부터 시작해 프랜차이즈 업계에서 약 10년의 시간을 보낸 경험은 제 삶의 중요한 축이 되어 주었다. 그 과정에서 수많은 사람들과 이야기를 나누고, 다양한 문제를 해결하며, 크고 작은 역경을 이겨내는 동안 한 단계씩 성장할 수 있었다.

이번 책 집필은 과거의 성공과 실패를 되짚어 보면서, 앞으로 다가올 미래를 준비하고자 하는 마음으로 참여하게 되었다.

이 책이 세상에 나올 수 있도록 함께 집필에 참여해 주신 공동저자님들께 깊은 감사를 드린다. 또한, 이러한 기회를 주시고 집필 과정 전반을 이끌어 주신 편집장님께도 진심으로 감사의 말씀을 전한다. 부족한 글이지만 이 책을 통해 독자 여러분과 내 경험을 나눌 수 있기를 바란다. 함께 고민하고 성장해 나가는 길에 작은 등불이 되었으면 좋겠다.

인생에서 보배로운 시간

오재균

필자는 34년 간 조리사로, 전문 외식업자로 몇 천개 이상의 매장을 컨설팅하면서 현장의 소리를 담는 데 초점을 맞춰서 글을 썼다.

지난 세월은 실패와 성공의 반복이었고, 좌절할 때마다 선한 이끌림으로 다시 일어설 수 있는 용기를 얻었고 그 과정을 거쳐 다시 한번 도약하는 중이다. 누군가 나에게 2025년의 생존방식을 묻는다면 나는 '본인의 핵심 역량이 무엇인가'를 알아차리고 잘 대응하고 판단하는 게 답이라고 말하고싶다.

외식인으로 살아오면서 언제나 두 가지 중 하나를 선택할 때가 많았다. 그때마다 책임과 의무가 따랐고 방향성 때문에 성공과 실패도 이어졌다.

그 인생에서 깨달은 것은 실패했을 때도 그 실패를 딛고 좌절을 넘어서서 더욱 강건하게 도전하는 자만이 성공할 수 있다는 것이다. 지난 세월 돌아보면 너무나도 힘든 시간이었지만 인생에서 가장 보배로운 시간을 보내게 되어 감사할 뿐이다.

예비창업자들의 길잡이가 되길

김형민

현재의 창업 시장에 더이상 대박은 없다. 앞으로는 안전창업이 대세인 시대가 왔다.

이 책은 20여년간 가맹본부의 책임자로서 3,000여 개 이상의 매장 오픈한 경험을 토대로 현장의 이야기를 토대로 현실적인 내용으로 구성했다.

나는 이 책에서 예비창업자들에게 길잡이를 제시하고자 한다. 이론보다는 외식업, 프랜차이즈 창업 등 실제 현장에서 일어나는 사례를 중심으로 구성하였고, 프랜차이즈 산업의 발전에 따라 난립한 부실 프랜차이즈 및 검증되지 않는 컨설턴트를 통해 수많은 실패 사례의 원인을 낱낱이 밝히고자 한다.

한 해 100회 이상의 컨설팅을 통해 예비창업자들을 만나왔고 무료창업 강의를 진행할 때마다 강력히 외쳤다. "창업마다 강력히 외치에는 꿈 같은 창업은 없다. 정신 차리고 하고싶은 창업보다는 잘

할 수 있는 창업을 해라." 안타까운 건 사실은 누구도 '실패할 수 있다. 준비되지 않았다. 나는 창업 초보다' 라고 말하는 창업자는 없었다는 점이다.

  필자의 주장이 절대적인 진리는 아니다. 하지만 20여년간의 경험을 토대로 작성했으며 현재도 계속 진행 중이다.

  성공의 가능성도 중요하지만 우리는 실패의 가능성에 초점을 맞춰 보이는 리스크는 제거하고 시작하기 바란다.

  자, 이제 안전창업으로 당신의 성공을 진지하게 시작해 보도록 하자.

목차

Part 1. --- 박수진
_____프랜차이즈 브랜드를 키우는 디자인 전략은
어디서 오는가?

프랜차이즈 원조, 한국 브랜드의 뚝심을 보다 / 19
착한 프랜차이즈의 선한 영향력을 보다 / 34
프랜차이즈 혁신의 아이콘, 도전을 보다 / 41
프랜차이즈의 정석, 과거와 미래를 보다 / 53
이 글을 정리하며 인생을 돌아보다 / 67

Part 2. --- 권혁태
_____프비티FBITI(구. 큐브) 프랜차이즈 비즈니스
아이티 인티그레이션

새로운 기회의 발견 / 75
"넌 끝났어, 유아쿨" / 91
메타 트렌드를 찾아서 / 109
함께 만드는 조직문화백서 / 118

Part 3. --- 김상용
_____안전한 거래를 연결하는 가맹거래사 이야기

  나의 일, 가맹거래사 / 137
  가맹거래사로의 시작, 그리고 프랜차이즈 심사원까지 / 156
  지금의 나 / 162
  가맹거래사의 비전 / 170
  가맹거래사로서의 다짐 / 191

Part 4. --- 오재균
_____프랜차이즈 창업으로 모두가 행복한 세상 만들기

  세계적인 요리사를 꿈꾸며, 프랑스 파리로 / 199
  단 하나의 브랜드가 되기 위한 전략 / 205
  '직구삼 삼겹'이 만들어낸 삼겹살 신화 / 214
  고향 브랜드 '함평솥뚜껑고깃집' / 221
  외식업과 인생은 천로역정 / 225

Part 5. --- 김형민
_____프랜차이즈 선택, 그것이 문제!

  지금의 창업 시장 / 237
  개인창업과 프랜차이즈 / 251
  창업시장 변화 "앉아서 기다리면 손님이 온다?" / 261
  프랜차이즈 창업 3년 주기 법칙 / 264
  프랜차이즈 창업 tip 5 / 268

서문

프랜차이즈 산업이 지속적으로 성장하길

　처음 함께 책을 쓰기로 마음먹었을 때, 우리는 각자 다른 길을 걸어왔지만 프랜차이즈라는 공통된 관심사에 깊이 고민해왔다는 점에서 공감대를 형성했습니다. 오랜 시간 프랜차이즈라는 하나의 아이템을 중심으로 각자의 경험을 쌓아왔고, 이를 통해 우리는 자연스럽게 하나가 되었습니다. 서로의 여정이 궁금했고, 각자가 프랜차이즈를 어떻게 경험하고 발전시켜왔는지, 그리고 그 과정에서 어떤 인생 이야기가 숨겨져 있을지 알고 싶었습니다.

　각기 다른 분야에서 프랜차이즈를 발전시키며 겪은 다양한 경험은 우리에게 큰 호기심을 불러일으켰습니다. '아, 내가 그동안 운영해왔던 프랜차이즈 시스템에도 이런 부분이 있었구나', '프랜차이즈 본사를 운영하며 다양한 서포트 업무들이 이렇게 중요한 역할을 하고 있구나' 등, 서로의 이야기를 듣고 배우며 새로운 깨달음을 얻게 되었습니다. 프랜차이즈 브랜드를 성공적으로 구축하고 유지하기 위해서는 단지 한 사람의 노력만으로는 불가능하다는 것, 다양한 분야에서 많은 전문가들이 힘을 합쳐야만 비로소 완성될 수 있다는 중요한 진리를 다시금 깨달았습니다.

현재 프랜차이즈 업계는 큰 도전과 과제에 직면해 있습니다. 경기 악화와 경쟁 심화로 인해 모든 매장이 성공적으로 운영되기란 매우 어려운 상황입니다. 본사들은 최선을 다해 가맹점들을 지원하고 있지만, 다양한 상황 속에서 모든 가맹점을 만족시키는 것은 결코 쉬운 일이 아닙니다. 이처럼 복잡한 현실 속에서도, 프랜차이즈 업계의 각 분야에서 브랜드를 발전시키기 위해 끊임없이 고민하고 있는 많은 분들을 생각하며, 이 책이 그들의 고민을 조금이나마 덜어주고 도움이 되길 바라는 마음으로 출간하게 되었습니다.

우리 모두는 바쁜 삶을 살고 있습니다. 특히 프랜차이즈와 관련된 일을 하는 사람들은 더욱 바쁩니다. 그럼에도 불구하고 이 책의 저자들은 평균 10년 이상 한 길을 걸어오며 프랜차이즈 업계에 헌신해왔습니다. 물론 그 과정에서 크고 작은 우여곡절이 있었겠지만, 이번 책 작업을 통해 자신의 발자취를 되돌아보며 '나는 과연 잘해왔는가?' 그리고 '앞으로 어떻게 해야 할 것인가?' 에 대해 진지하게 성찰할 수 있었습니다.

우리가 이 책을 통해 나눈 경험과 지식은 각자의 영역에서 오랜 시간 쌓아온 소중한 결실입니다. 프랜차이즈라는 거대한 시스템 안에서 각자의 역할을 성실히 해온 우리 모두가, 이 책을 통해 서로의 여정을 더욱 깊이 이해하고, 앞으로도 협력하며 발전할 수 있는 계기가 되기를 바랍니다. 프랜차이즈 산업이 지속적으로 성장할 수 있도록, 다양한 분야에서 함께 힘을 합쳐 나아가길 바라며, 이 책 또한 그 길을 안내하는 작은 등불이 되기를 기대합니다.

— 박수진

Part 1.
프랜차이즈 브랜드를 키우는
디자인 전략은 어디서 오는가?

박수진

산업디자인을 전공하고, 세븐일레븐에서 프랜차이즈 전문 디자이너로 커리어를 시작했다. IMF 시기, 과감하게 창업을 결심하며 프랜차이즈 전문 디자인 회사를 설립했고, 브랜드의 본질을 디자인과 전략으로 풀어내는 마이크로 포지션 전략을 통해 업계를 개척해 나갔다.

지난 24년간 국내외 500개 이상의 브랜드를 개발 및 관리하며, 브랜드 디자인과 프랜차이즈 컨설팅을 결합한 '토탈 브랜드 개발 서비스'를 제공하고 있다. 브랜드 철학과 지속 가능한 성장을 고민하는 프랜차이즈 구축이 핵심 목표이며, 단순한 가맹사업을 넘어 브랜드가 시장에서 살아남고 차별화될 수 있는 전략을 제시하는 데 집중하고 있다. 현재 프랜차이즈 및 브랜드 마케팅 MBA 과정을 기반으로, 브랜드 ESG, AI 브랜딩 접목 등 최신 트렌드를 반영한 개발과 강연을 폭넓게 시도하고 있다.

프랜차이즈 원조, 한국 브랜드의 뚝심을 보다

외식 프랜차이즈 브랜드의 본질은 단순히 음식을 파는 데 그치지 않고, 한 그릇에 담긴 전통과 철학을 고객과 공유하는 데 있다. 이 가운데 무봉리토종순대국과 본죽, 조샌드위치는 한식과 새로운 식사 문화라는 상반된 분야에서 노력해온 대표적인 외식 프랜차이즈 브랜드들이다. 한국의 전형적인 서민음식인 토종순대국과 전국민에게 죽을 일반식사로 만든 본죽, 현대적인 웰빙 샌드위치를 중심으로 성장한 세 브랜드는 국내 시장에서 고유의 정체성을 잃지 않으면서도 시대의 변화에 발맞춰 새롭게 도약하고 있다.

프랜차이즈 원조로 자리잡은 이 세 브랜드의 이야기를 통해 독자들은 단순한 상업적인 운영을 넘어선 브랜드의 진정한 가치를 발견하길 바란다. 무봉리토종순대국이 한국의 전통음식을 어떤 정신으로 꾸준히 대중에게 전달해 왔는지, 본죽이 만들어낸 전국민의 식생활 루틴 그리고 조샌드위치가 서양식 음식을 한국적인 웰빙으로 재해석하며 새로운 식문화의 가능성을 열어가는 모습을 보면서, 브랜드가 소비자와 깊이 소통하고, 오랜 기간 꾸준히 사랑받기 위해 필요한 것은 무엇이였는지 새로운 통찰을 얻게 되길 바라는 마음이다.

순대국 한그릇에 담긴 K푸드의 정성

올해로 30년을 맞는 정통 한식 브랜드 무봉리토종순대국은 아마도 내가 아는 대한민국 최초의 한식 프랜차이즈가 아닐까 싶다. 무봉리토종순대국의 '무봉리'라는 명칭은 경기도 포천의 무봉리라는 마을에서 첫 매장을 열며 붙여진 이름이라고 한다. 본래 지명은 상표로 등록할 수 없지만, 무봉리가 다른 마을과 통합되면서 등록이 가능해졌다는 재미있는 비하인드 스토리도 전해졌다.

무봉리토종순대국은 설립 초기부터 본사 직영으로 순대 공장을 운영해 전국 매장에 동일한 맛의 최상급 순대를 제공해 왔다. 이는 브랜드가 오랜 세월 사랑받아 온 핵심 노하우이다. 그리고 세월이 흐르면서 리모델링 과정을 함께 하여 현대적인 감각을 더했고 브랜드가 성장해가는 데 있어 전략적인 협업을 이어오며 브랜드의 변화를 함께했다.

무봉리순대국

  2020년 어느 날, 정말 오랜만에 무봉리토종순대국의 경영고문이자 창립 초기 멤버였던 이재한 교수님께 연락이 왔다. "오랜만이네, 잘 지냈나?" 교수님의 목소리에는 반가움이 묻어났다.
  "우리 무봉리 프랜차이즈 브랜드 디자인 말이야, 요즘 트렌디한 스타일로 업그레이드할 때가 되었어. 맡아 줄 수 있겠나?" 나는 교수님의 기대에 부응하기 위해 고민하기 시작했다.
  세월 속에서 전통 한식을 대표해 온 무봉리토종순대국도 시장 변화에 따른 브랜딩과 인테리어의 업그레이드가 필요하다고 느끼신 모양이다. 예전에는 외곽 상권 위주로 대형 평수 매장을 오픈했고, 주로 장거리 운전기사들이 찾는 기사식당 같은 인상이 강했다. 당시 브랜드나 간판 이미지도 크고 눈에 잘 띄는 노란색으로 선택되었는데, 그 주목성 덕분에 현재의 정체성이 확립되었을지도 모른다.
  돼지고기집에서 흔히 볼 수 있는 "돼지가 불판 위에서 날 구워 드세요~" 하며 웃고 있는 캐릭터는 내가 혐오하던 타입 중의 하나였는데 기존의 돼지 캐릭터를 어떻게 리터치 할지 정말 고민이 많이 되었다. 결과적으로는 동화 속 아기돼지 캐릭터를 생각하며 표정은 똑똑하고 밝게 하며 손은 엄지척을 해보이며 당당하게 전체적으로 깔끔한 선 처리로 디테일을 잘 살려 기존과는 다른 느낌을 만들어 내었다. 이에 캐릭터 앰블램을 이용하여 브랜드 아이덴티티를 재구축하였다. 배달시장의 발달과 함께 타이밍에 잘 맞춰 브랜드 제품으로 확장하며 밀키트 시장을 열었다.

무봉리의 정말 맛있는 매장 메뉴들은 밀키트로 개발되었고 매장 내 판매와 온라인 자사몰 및 오픈마켓 등으로 동시에 노출되어 리브랜딩한 것이 큰 효과를 보게 되었다. 이렇듯 브랜드가 점프해야 하는 시점에는 잘 다듬어진 브랜드디자인이 반드시 선행되어야 하고 그래야 브랜딩 구축도 강력해 질 수 있었다.

무봉리토종순대국이 30년간 꾸준히 사랑받을 수 있었던 이유는 "가맹점주의 입장에서 최소의 비용으로 효율적인 운영이 가능하도록 시스템을 구조화해야 한다"는 이 교수님의 경영 철학에 있다. 이러한 철학은 무봉리 브랜드의 상징인 한 그릇의 순대국에 담긴 기업의 가치와 진정성으로 고스란히 전달된다. 이처럼, 브랜드의 방향성에 흔들림 없이 오랜 시간 뚝심을 지키며 발전해 온 이 교수님의 헌신이 없었다면 무봉리는 지금의 입지를 다지기 어려웠을 것이다.

이 교수님의 프랜차이즈 사랑은 무봉리토종순대국 대표로 한참 시장의 점유율을 높여가던 시기에도 세종대 프랜차이즈학과에 입학했고 몇 년이 지나 다시 만났을 때는 프랜차이즈학과 교수로 지식의 전수자로 행보를 이어가고 있었다. 프랜차이즈를 운영하는 같은 입장에서 다른 대표님들께도 직접 가르쳐 주고 싶었다는 게 기업인에서 교육자로 변신한 계기였다고 한다.

"가맹점주의 입장에서 최소의 비용투자로 효율적인 운영이 가능하도록 시스템을 구조화 해야 한다"고 늘 강조했던 이 교수님의 경영철학은 30년 동안 변치 않는 약속 같은 재료와 진심을 모아 정성을 다해 만든 한그릇의 순대국은 지금 각박한 세상에서 따뜻한 마음과 위로를 전해주자는 무봉리토종순대국의 기업의 가치로 고스란히 담고 있다.

30년 전부터 내가 배워온 프랜차이즈 정신은 '공생'이다. 다함께 잘 살기 위해서 본사는 가맹점의 수익을 낼 수 있도록 항상 연구해야 하고 거짓 없이 진정성있게 실천해야 한다. 시스템만 구축한다고 아무나 시작하는 것이 아니라 대표는 기업가 정신이 바로 서 있어야 한다. 본사 입장에서 가맹점의 수익과 더불어 고객의 편의와 건강을 위하는 기본 철학이 먼저 앞서야 할 것이다.

기업의 브랜드 성공담은 단지 음식을 많이 판매하는 것에 그칠 것이 아니라 음식문화와 전통을 기반으로 고객과 깊이 소통하므로써 우리 식생활에 일상화되어가는 과정의 결과물이 아닐까 하는 생각을 해본다.

본죽, '꽃보다 남자'로 트렌드를 선도한
브랜드의 성공 여정

　대한민국 NO1. 한식 프랜차이즈를 꿈꾸는 본아이에프는 죽 전문 브랜드 '본죽'을 주력으로 하여 한국의 외식문화에 새로운 장을 열었다. 2002년 첫 매장을 연 본죽은 2024년 전국의 2,000개가 넘는 매장을 자랑하며 연간 5,800만 그릇이 넘는 판매량으로 그 성공을 입증하고 있다. 본죽의 여정은 단순한 성과를 넘어 한식 프랜차이즈의 선두주자로 자리잡으며 브랜드 가치와 문화적 영향력을 쌓아왔다. 그리고 그 중심에는 본아이에프의 '뚝심'이 있었다.

[중앙이코노미_임영웅본죽캠페인기사 자료]

　나와 본죽과의 첫 만남은 2009년, 대한민국을 뜨겁게 달군 하이틴 드라마 '꽃보다 남자'를 통해서였다. 드라마 속에서 본죽은 PPL 마케팅의 일환으로 여주인공이 일하는 장소로 등장했다. 드라마의 엄청난 인기는 본죽 매장에 대한 대중의 관심으로 이어졌고 브랜드 인지도를 높이는 데 놀라운 기여를 했다.

　PPL이란 기업 협찬을 대가로 콘텐츠를 상품 혹은 영화 속에 노출시켜 자연스럽게 홍보할 수 있는 광고 기법이다. 그때 우리 회사는

임영웅본죽
캠페인 기사 자료

롯데 엔제리너스커피와 그 외 롯데 외식사업부 브랜드들의 프랜차이즈의 비주얼그래픽 작업에 주력하고 있었다.

경험이 풍부한 만큼 본죽 매장의 디테일을 잡아주는 역할을 잘 수행해 냈고 그이후에 본죽 전국 매장의 전면부를 리모델링하는 프로젝트를 맡게 되었다. 이 프로젝트는 전국의 800개 매장의 전면부를 모두 다시 실측하여 신규디자인으로 세팅하는 시공이었는데 무조건 한달 안에 끝내야 하는 일이었다.

그 때를 회고해보면 정말 엄청난 도전이었다. 확실히 30대여서 그런지 물불 가리지 않고 무조건 해내야 한다는 무대뽀 정신으로 일할 때였던 것 같다. 전 직원이 며칠밤을 새워가며 전국의 매장 전면부를 하나하나 측정하고 디자인하고 공사 제작 시방서를 만들어갔다. 팀원들과 제작 시공사 파트너들은 한마음으로 뭉쳐 전국을 돌며 800개의 매장을 일일이 모두 시공했다. 각 매장마다 우리의 정성과 노력의 흔적은 단순히 외관 교체를 넘어 본죽의 브랜드 이미지를 통일시키는 과정이었다.

  그 과정을 거쳐서 지금의 본죽이 더욱 성장할 수 있었고 이미지가 바로 잡히는 계기가 되었다. 한 달이라는 시간 동안 우리가 함께 이룬 기적은 우리 앞에 다가올 그 어떤 도전도 해낼 수 있다는 용기와 자신감을 안겨주었다. 또한 프랜차이즈 업계에서도 다시 한번 또 인정받게 되었다.

  프로젝트 이후에 우리는 본죽브랜드의 통합 마케팅 커뮤니케이션(IMC, Integrated Marketing Communications)을 목표로 본죽 자사제품의 패키징, 매장 내 메뉴판, 홍보물 등 고객과 소통하는 마케팅 툴들을 모두 점검하고 포괄적으로 재정비하는 것을 모두 진행해 나갔다. 내가 20대부터 첫 직장 7-ELEVEn 미국 본사에서 배웠던 노하우와 한국과 환경이 비슷한 일본의 프랜차이즈 비주얼머천다이징 방법에 대해서도 제대로 모두 적용해볼 수 있는 좋은 기회이기도 했다.

  이후로 본죽은 고객들에게 일관된 브랜드이미지를 보여주게 되었고 정량적 성과로는 가맹점들의 평균 매출 성장과 가맹점 수가 3년 만에 400개 이상 추가 되어 그 당시 1,200개의 매장을 오픈하게 되었다. 그 시점에 내부디자인팀을 세팅해서 직접 운영하게 되었고 이후 본죽의 행보는 다양하게 펼쳐졌다. 시즌별 프로모션과 지속적인 신메뉴 개발을 통해 고객들에게 건강한 맛을 제공했고 아플 때 먹는 죽 이미지를 쇄신하고 국민의 기초 건강과 삶의 질을 높이고 건강

증진 브랜드로서의 이미지를 강화했다.

본죽의 브랜딩과 마케팅 전략은 더 나아가 국민 배우 '공유'와 국민 가수 '임영웅'을 모델로 기용하며, 브랜드 가치를 한층 더 높였다. 이는 본죽이 한국을 대표하는 한식브랜드로서 자리매김하는 데 결정적인 역할을 했다. 본죽의 성공 이야기는 한국 프랜차이즈 업계에 새로운 방향을 제시하며 브랜드 가치와 문화적 영향력이 어떻게 소비자의 일상 속에 깊숙이 자리잡았는지 보여주는 사례가 되었다.

본죽 브랜드에 이어 본비빔밥, 본도시락, 본국수대청, 본죽&본비빔밥cafe 등 여러 후속 브랜드를 성공적으로 론칭함으로서 본죽과 함께 성장한 본아이에프의 여정은 단순히 성공적인 비즈니스 모델을 넘어, 한국의 건강한 식문화를 전파하고, 새로운 가치를 창출하는 데 중점을 두었다. 이러한 접근 방식은 본죽을 비롯한 본아이에프의 모든 브랜드가 지속 가능한 성장을 이루며, 소비자들에게 사랑받는 이유를 명확하게 보여준다. 본죽의 이야기는 프랜차이즈 브랜드가 어떻게 꾸준한 혁신과 진정성을 바탕으로 대중과 깊은 연결을 맺을 수 있는지를 잘 보여주는 예시라 할 수 있겠다.

본죽의 성공스토리만 봐도 브랜드가 소비자들의 일상에 깊숙이 자리잡도록 하는 데 브랜딩과 마케팅 전략의 중요성을 강조할 수밖에 없다.

본죽의 이야기는 프랜차이즈 본사가 구축한 브랜드 가치를 가맹점과 공유하며 그 가치를 일관되게 지켜온 '뚝심'의 여정이다. 본죽은 한국의 건강한 식문화를 전파하며 앞으로도 꾸준히 사랑받는 한식 브랜드로 성장해 나가리라 기대해 본다.

조샌드위치로 재해석하는
대한민국 대표 웰빙푸드

조샌드위치 홈페이지

샌드위치 브랜드 하면 가장 먼저 떠오르는 것이 미국 프랜차이즈 서브웨이일 것이다. 하지만 한국에도 23년 전통의 한국식 샌드위치 브랜드 조샌드위치가 있다. 브랜드 대표자를 처음 만난 자리에서 나는 바로 질문을 던졌다.

"왜, 조 샌드위치에요?"

그는 대답 대신 손바닥을 펴서 흔들며 "안녕~ 조!"라고 인사했다. "미국식 이름 중에 'Tom, Joe...'가 가장 많이 불리잖아요. 쉽게 기억하고 떠올릴 수 있도록 했어요. 어쨌든 샌드위치는 원래 외국 음식이니까…" 순간 단순하지만 직선적인 대답에 웃음이 났다.

보통 창업주가 회사명을 직접 짓는 경우가 있는데 브랜드명을 짓기보다는 직관적으로 정하기 때문에 회사의 브랜드디자인을 하거나 제품 디자인을 할 때 의미 전달이 안되서 애를 먹는 경우가 있다. 조 샌드위치는 새로운 샌드위치 소스를 개발 중이시던 쉐프님을 통해서 처음 만나게 되었다. 주로 테이크아웃이 많은 소형 평수의 매장을 운영하던 브랜드였는데 강남 선릉역 오피스 상권에 직영점을 크게 오픈할 계획이었다. 테이크아웃 뿐 아니라 모닝 브런치를 수용할 수 있는 새로운 카페 타입 메뉴와 리브랜딩에 맞는 인테리어가 필요한 시점이었다.

조샌드위치의 브랜드명은 직관적으로 정해진 탓에 브랜드의 가치 전달이 어렵기도 했지만 그당시 리모델링에 참여하면서 새로운 정체성을 부여하고 브랜드와 제품에 대한 고객의 이해도를 높이는 데 중점을 두었다.

강남 직영점은 기존 테이크아웃에 브런치 콘셉트를 추가해 웰빙 카페로의 변화를 시도했고 새로운 로고와 매장 인테리어로 모던한 이미지를 강조했다.

당시 10년이 넘은 최초에 만든 브랜드 로고를 사용 중이었고 대형 평수에 적합한 인테리어 디자인이나 브랜드 메뉴얼이 전혀 안된 상태였다. 동년배였던 대표님과는 아주 소통이 잘 되었고 그 당시엔 생소했던 샐러드 식단 시장을 함께 개척하겠다는 희망찬 야망을 갖고 리모델링 개발을 시작했다.

당시 글로벌 샌드위치 브랜드들이 한국 시장에서 서브웨이에 도전할 때였고 샌드위치 경쟁은 더욱 치열해질 분위기였다. 대다수가 브런치 시장으로 리모델링을 시도하는 이유이기도 했다.

그때만 해도 샐러드가 주식이 될 거라고는 상상도 못했는데 이제는 건강과 다이어트를 모두 충족할 샐러드 시장의 니즈가 커졌다. 최근 샐러드 전문 브랜드의 등장들은 이미 10년 전에 예측한 결과이기도 하다.

JOE'S SANDWICH의 브랜드 로고 타입은 타이포그래피를 활용한 워드마크 타입의 심볼을 만들기 위해 디자인되었으며, 특히 영문타이틀 자체를 브랜딩한다는 계획으로 타이포를 통한 진정성을 보여주는 컨셉이 결정되었다. 결과적으로 심플하면서도 다소 굵은

조샌드위치 홈페이지

고딕타입의 베이직한 형태로 개발되었다.

　샌드위치 재료의 특성상 매일 신선한 채소가 연상되는 녹색을 주조 색상으로 선택했고, 사각샌드위치의 반을 커팅한 삼각형 모양을 핵심적인 노란색 포인트로 엣지있게 활용했다. 소규모 프랜차이즈 매장의 특성상 전면 간판이 가능한 한눈에 띄도록 전체 풀네임을 사용했고 돌출 간판의 정사각 돌출사인에 맞출 수 있는 앰블램 형태도 샌드위치 모양으로 추가 개발됐다.

　매장에서 노출될 다양한 응용물들은 프랜차이즈 매장이라면 더욱 중요하다. 샌드위치 포장 박스, 포장 래핑지, 컵 및 소모품류 특히 브랜드와 인테리어 컨셉에 맞는 메뉴디지털보드, 이미지보드, POP, 각종 디스플레이 VMD가 모두 포함된다.

　조샌드위치는 매장에서 신선한 채소로 매일 준비되는 100% 수제 샌드위치로 건강한 식습관의 선두주자가 되었으며, 코로나 팬데믹 동안 비대면 배달을 강화하고 다양한 플랫폼으로 브랜드 확장을 도모했다. 경쟁이 치열한 시장 상황에서도, 대표님은 한국 브랜드로서 웰빙 샌드위치를 확립해 나가겠다는 고집을 꺾지 않았고, 그 뚝심이 지금의 조샌드위치를 지탱하는 원동력이 되었다.

　최근에 트랜드를 반영한 새롭게 런칭한 셀러드 브랜드들은 건강하고 균형 잡힌 식사를 추구하는 현대인의 니즈에 부응하기 위해 다양하고 창의적인 방식으로 시장에 접근해야 할 것이다. 이들 브랜드가 공통적으로 내세우는 가치는 '건강', '신선함', '편리함'이며 이를 통해 바쁜 일상 속에서도 영양가 높은 식사를 쉽고 빠르게 즐기는 이미지를 구축해야 할것이다.

예를 들어, 100% 자연 재료만 사용하여 모든 샐러드를 현장에서 직접 조리한다는 점을 강조하던지 '자연에서 온 신선함'을 브랜드의 핵심 가치로 내세우는 것이다.

아니면 다양한 국가의 샐러드 레시피를 소개하며 '세계적인 맛의 발견'이라는 컨셉으로 고객의 호기심과 식사에 대한 즐거움을 프로모션으로 자극하는 방법도 좋을 것이다.

또한 ESG경영에 맞게 샐러드 브랜드들은 환경 보호와 지속 가능성에 대한 고객의 관심을 반영하여 친환경 포장재 사용이라든지 지역 농산물 우선 구매 등의 실천을 통해 사회적 책임을 다하는 이미지를 강화하는 것도 좋아 보일 것이다. 이러한 노력은 특히 친환경적 가치를 중시하는 젊은 세대에게 보다 큰 호응을 얻을 수 있다.

젊은 고객에게 제공되는 시각적인 이미지는 이들 샐러드 브랜드들은 '모던하고 스타일리시한 라이프스타일'을 추구하는 도시인의 이미지를 강조하면 좋겠다. 매장 디자인부터 패키징, 마케팅 전략에 이르기까지 세련되고 현대적인 느낌을 전달함으로써 건강한 식사를 선택하는 것이 단지 몸을 위한 선택이 아니라 하나의 라이프스타일을 즐기는 것임을 강조하여야 한다.

이처럼 글로벌 브랜드들이 자본력으로 다시 시장에 진입하고 있는 이 시기에도, 조샌드위치는 그동안 당당히 버텨온 전통과 자신감을 바탕으로 앞으로도 꾸준히 한국식 웰빙 샌드위치의 가치를 지켜나가길 바란다. 간편하고 건강한 한국식 샌드위치를 널리 알리며 더 큰 도약을 이루기를 기대한다.

착한 프랜차이즈의
선한 영향력을 보다

　프랜차이즈가 더 이상 단순히 규모와 이익을 쫓는 사업 형태에 그치지 않고, 진정한 가치를 전하는 사회적 존재로 변화하고 있다. 이제 소비자들은 제품의 표면만이 아닌, 그 안에 깃든 철학과 마음을 읽어내고 그 가치를 삶 속에서 체험하고자 한다. 내가 예전에 만난 두 브랜드, 와플대학과 보리네생고깃간은 각자의 특별한 이야기로 '착한 프랜차이즈'가 무엇인지 스스로 보여주고 있었다.

　노란 간판 아래 대학가를 밝히며 사람들에게 따스한 디저트를 선사하는 와플대학. 그 속에는 단순히 달콤함을 파는 것이 아니라, 긴 역경 끝에 피어난 가족의 연대와 학생들로부터 받은 사랑이 자리하고 있다. 자신의 꿈을 내려놓고 가족과 함께 브랜드 성장을 위해 최선을 다한 모습에서 와플대학은 단지 매장이 아닌 작은 공동체가 되었다. 또한 오래된 매장을 하나하나 돌보며 상생을 실천하는 '거북이 새집 프로젝트'는 이곳이 단순한 디저트 프랜차이즈 이상의 가치를 담아내고 있음을 보여준다.

또 다른 브랜드, 보리네생고깃간은 협동조합형 프랜차이즈로, 가맹점주가 아닌 조합원으로서 이익을 함께 나누고 사회적 책임을 함께 나누는 새로운 길을 만들어가고자 했다. 소비자에게 '신선한 생고기'를, 조합원에게는 안정적이고 지속 가능한 성장을 선사하며 이곳에서는 생명력을 잃지 않는 '함께'의 철학이 돋보인다.

이 두 브랜드의 이야기는 프랜차이즈가 상생과 연대의 가치를 담을 수 있음을 보여준다. 소비자와 그리고 그들을 둘러싼 사회와 함께하며 일상의 한 부분으로 자리 잡아가는 착한 프랜차이즈들의 선한 영향력이 지금 이 순간에도 더욱 넓고 깊게 퍼져나가길 바란다.

와플대학에서 배우는
달콤한 사회적 기업가 정신

노란 파사드의 간판 '와플대학', 활기넘치는 학생들에게 사랑받는 디저트 카페 프랜차이즈. 이 회사와의 첫 만남은 브랜드 리뉴얼 개발을 위해서였다. 첫 만남은 북한산 자락의 고즈넉한 곳에 위치한 언덕 위에 하얀

주택이 사무실이었다.

  사무실은 시간의 흐름에 따라 조금씩 더해가며 완성된 듯, 여러 사람의 손길이 닿은 정겨움이 느껴졌다. 미팅에 참석한 대표님의 따님은 협동조합의 이사장님이자 이번 프로젝트의 주역이었다. 와플대학은 그 이름에서 알 수 있듯 학생이 주 고객이며 각 대학가에 매장을 오픈한다는 전략을 세우고 있었다. 이에 따라 젊은 대학생들의 감성을 잘 반영하는 젊은 직원들과 함께 프로젝트를 진행하기를 바라셨다.

  '와플대학' 이 지금은 누구나 사랑받는 브랜드가 되었지만 노점상을 시작으로 해서 역경의 스토리를 담고 있다.

  사업을 하던 남편이 큰 사기를 당하면서 집안은 폭삭 주저앉았고 당장 생계를 이어가기 위해 노점을 꾸렸다. 피아노를 전공하고 음대 입학을 계획했던 딸도 진학을 포기했다.

  첫날 니어커를 밀고 나간 곳은 신촌에 있는 연세대학교 정문 앞이었다. 붕어빵 기계를 놓고 반죽을 하고 빵을 구워 팔기 시작했다. 붕어빵 안에 팥 뿐만 아니라 다양한 소를 넣어 시도하면서 인기를 얻게 되었다. 그리고 겨울철에 국한된 붕어빵의 한계를 넘기 위해 사계절 내내 즐길 수 있는 다른 먹거리 아이템을 연구하다가 와플을 발견하게 되었다. 그것도 12가지 토핑을 새롭게 올리는 아이디어로 더욱 인기를 얻었다. 어디에서 무엇을 하든 차별화된 경쟁력을 키우는 것이 성공 기반이 된 것이다.

어느 날 대학생들이 너무 맛있다며 이 이름 없는 노점상에 이름을 붙여주었단다. 각 맛의 다양한 특성이 대학의 전공과 같은 느낌을 준다며, 대학가 앞에 있으니 "와플대학"이 어떻겠냐고 말이다. 2008년 그렇게 와플대학 브랜드가 탄생했다. 브랜드 개발에 있어 공감은 매우 중요하다. 이 감동적인 스토리는 와플대학에 대한 나의 애착을 더욱 깊게 만들었다.

대학로점을 첫 모델로 삼아 인테리어까지 적용하며 브랜드 개발 과정을 실제로 구현해나갔다. 이 과정에서 어린 이사장님과의 깊은 소통은 프로젝트에 더 큰 의미를 부여할 수 있었다. 이사장님의 개인적인 이야기, 본인의 음악인의 꿈을 포기하고 부모님을 도와 와플대학을 함께 일으키기로 결심한 이야기 등 성공으로 이끌기까지의 과정은 브랜드에 대한 깊은 인간미를 더했다. 처음에는 엄마를 돕기 위해 와플대학 매장에서 알바생처럼 일을 시작했고 그때는 스스로 앞장서 메뉴 개발부터 매장 운영 관리까지 모든 것을 해냈다. 열정과 진심으로 최선을 다하는 엄마의 모습을 보며, 그녀는 자신의 사명이라 생각하며 최선을 다해 도왔다.

와플대학 프로젝트를 통해 나는 착한 기업의 의미와 프랜차이즈의 영향력을 다시금 생각하게 되었다. 기업가의 사명감과 운영 방식이 와플대학의 이야기는 작은 기업의 성장 과정을 담고 있어 큰 희망을 준다. 따뜻한 인간미와 사연을 가진 대표님의 가족사는 와플대학이 단순한 와플 카페를 넘어서는 깊은 의미와 가치를 지니게 한다. 와플대학은 오랫동안 한자리를 지켜 주신 점주들에게 감사의 마음을 전하고 상생의 가치를 실현하는 "거북이 새집 프로젝트"를 진행하고 있다.

매년 하나의 가맹점을 선정하여 본사 전액 지원으로 리모델링을 진행하는 이 프로젝트는 22년도는 가장 오래된 매장인 '조선대 캠퍼스'(2013.3월 오픈)를 선정했고 23년에는 두 번째로 오래된 매장 '부산대 캠퍼스'(2015.2월 오픈)를 선정했다. 사실상 10년씩 성실히 가맹점을 운영해오는 점주님들도 대단하고 본사가 얼마나 함께 고민하고 상생해 왔는지 알 수 있다.

와플대학의 성공은 착한 기업으로서의 사명감과 지역 사회와의 상생, 그리고 고객과의 깊은 연결을 통해 이루어진 것이다. 와플대학의 이야기는 사회적 기업과 협동조합의 모델이 어떻게 지역 사회와 함께 성장하며 희망을 만들어내는지를 보여주는 대표사례다.

협동조합으로 탄생한
"補利"의 새로운 의미

'보리네생고깃간' 도울 보(補) 이로울 리(利), 보리네의 '보리'에 새로운 의미를 부여한 정육식당 프랜차이즈 브랜드이다.

'보리네'는 쌀보리에서 영감을 받아 지어진 이름이라고 한다. 이 브랜드의 탄생 배경은 보리를 먹인 소를 주로 사용하던 정육식당에서 시작되었고, 그래서 '보리네 생고깃간'이라는 이름이 탄생했다. 당시의 로고 디자인도 쌀보리를 상징적으로 표현했으며, 정육식당의 인테리어 매장 내 벽면에도 장식되어 있었다. 메인 로고타입은 손글씨 형태의 캘리타입으로 과거에 주로 유행했던 형태지만 현재로서는 세련미가 떨어지는 평범한 정육식당의 느낌이었다.

보리네는 프랜차이즈로 시작하여 협동조합으로 전환했고 각 식당 조합원들의 이익을 우선시한다.

육가공 공장을 시작으로 정육점에 공급하는 것이 주요 사업이었는데 정육식당을 함께 운영하면서 체계적인 운영 시스템을 갖추고 가맹 사업 시스템을 도입하여 점차 매장 수를 늘리며 발전시켜갔다. 가맹점주가 아닌 조합원 형태로 이익을 공유하는 협동조합형 시스템으로 전환하게 된 것이다.

보리네생고깃간의 매장 브랜드 개발과 보리네협동조합의 기업로고개발을 당사에서 개발 수행을 맡아 전체적인 비주얼라이징 개발을 진행하였다. 신규 오픈에 맞춰 보리네생고깃간 수원 영통점을 첫 모델로 바로 적용했다.

브랜드 개발 방향은 우리의 가장 핵심 강점을 잘 부각해야 한다. 한우가 아닌 육우를 취급하는 정육식당에서 맛있는 이유를 찾기 시작했다. 도축에서 매장까지 유통되는 과정과 테이블까지 올라오는 그 순간까지도 일련의 과정에서 항상 균일한 적정온도를 지키고 있다는 것을 발견했다. 그래서 보리네 '생'고깃간의 이름에서 '생'이라는 글자에 주목했다. 생이란 글씨를 도형화하여 온도계와 자물쇠의 모양을 결합한 온도지킴이 '생' 로고를 만들어 내고 무릎을 쳤다. "바로 이거야!" 그때 희열은 아직도 생생하다.

정육식당이라고 해도 저가형 정육점 형태가 아닌 프리미엄 웰빙 식당 컨셉을 지향했다. '생'은 후레시한 그린 포인트 칼라를 적용했고 전체적으로 블랙바탕을 대입하여 과감하지만 세련미와 신선한 느낌을 동시에 주는 데 성공했다.

보리네생고깃간은 예전과는 180도 다른 모습으로 재탄생되었으며 오픈 후 고객들의 반응은 매우 좋았다. 기존 매장들보다 50%이상의 매출을 기록하는 행진을 지속했다.

이러한 리모델링의 성공은 보리네협동조합의 상생 기업 철학과 맞물려 현재까지 확장해 나가며 잘 운영되고 있다. 사실상 보리네생고깃간의 성공은 단순히 경제적 이익을 넘어서 사회적 가치를 실현하는 비즈니스 모델의 가능성을 보여준다는 데 의미가 있다.

협동조합의 이익 공유형 시스템은 기업이 이윤 추구와 사회적 책임 사이의 균형을 찾는 방법을 제시하는 것이다. 브랜드 이미지의 현대화와 함께 운영 모델의 개선은 고객의 기대에 부응하고 브랜드의 지속 가능한 성장을 위한 핵심 요소임이 증명되었다.

프랜차이즈 혁신의 아이콘, 도전을 보다

프랜차이즈 시장이 포화 상태에 이르면서 단순한 확장만으로는 성공을 보장할 수 없는 시대가 되었다. 브랜드마다 소비자의 선택을 받기 위해 차별화와 혁신을 위한 끊임없는 도전이 요구되는 가운데, 일미리금계찜닭과 휴베이스는 그 도전 정신을 바탕으로 자신만의 길을 열어나가고 있다. 이 두 브랜드의 이야기는 단순한 성공의 방정식을 넘어, 변화 속에서도 꺼지지 않는 열정과 새로움을 향한 감동의 여정을 담고 있다.

'일미리금계찜닭'은 경쟁이 치열한 찜닭 시장에서 독창적인 메뉴와 브랜드 아이덴티티로 새로운 가능성을 제시하며, 그 속에 젊은 소비층의 열망을 담아냈다. 기존 안동찜닭과 차별화된 퓨전 스타일의 '구름치즈찜닭'을 선보이며 젊은 고객들의 감각을 사로잡은 일미리금계찜닭은 한층 진화된 비주얼과 프리미엄 이미지를 더해 찜닭 시장에 신선한 바람을 일으켰다. 그들의 창의적 시도는 평범함을 뛰어넘어 고객에게 다가가는 감성의 다리로 자리 잡으며, 소비자와 시각적으로 소통하는 브랜드로 거듭났다.

한편, 프랜차이즈 약국 휴베이스는 약국이라는 전통적 이미지에서 벗어나 고객과 약사 모두가 행복할 수 있는 공간을 만들기 위해 노력해왔다.

'약사가 행복한 약국, 고객이 행복한 약국' 이라는 철학을 실천하며, 이곳을 찾는 모든 이들이 마음 편히 건강을 나누고 일상의 행복을 경험할 수 있도록 따뜻함을 담아냈다. 고객이 약국을 단순한 의약품 판매점으로 인식하지 않고, 건강과 즐거움을 함께 경험하는 공간으로 다가가도록 약사들에게는 교육과 체계적인 운영 시스템을 제공하고, 전용 앱과 PB 제품으로 차별화된 서비스를 만들어 약국 경영에 신선한 혁신을 불어넣었다.

이 두 브랜드의 이야기는 단순한 상품 판매를 넘어, 새로운 가치와 문화를 창출하는 프랜차이즈의 본질을 우리에게 전해준다. 브랜드와 고객이 진정한 소통을 이루고, 각자의 영역에서 독창적이고 진정성 있는 도전과 성장을 통해 시장에서 독보적인 위치를 구축해 나가는 모습은 프랜차이즈가 나아가야 할 길을 감동적으로 보여주며, 우리에게 깊은 영감을 준다.

찜닭 혁신의 아이콘,
일미리금계찜닭

한때 달콤 짭조름한 찜닭은 대한민국의 식탁을 사로잡았다. 간장 베이스에 다양한 채소와 쫄면사리가 어우러진 이 메뉴는 안동에서 시작된 안동찜닭을 대표로, 많은 찜닭 브랜드들이 시장에 등장하면서 경쟁이 치열해졌다. 하지만 시장이 포화상태에 이르자 차별화된 맛을 제공하는 것이 점점 어려워졌고 그 와중에 '일미리금계찜닭'이라는 퓨전 찜닭 브랜드가 등장했다. 특히 그들의 '구름치즈찜닭'은 치즈를 듬뿍 올린 새로운 스타일로 찜닭 시장에 신선한 바람을 불러일으켰다.

2019년, 약 100개의 프랜차이즈를 운영 중일 때 처음 만난 이 브랜드는 그 전까지 접해보지 못한 새로운 맛과 경험을 선사해주었다. 일미리금계찜닭과의 만남은 단순한 미식의 경험을 넘어, 한국의 찜닭 시장에서 새로운 장을 연 획기적인 순간이었다. 이 브랜드가 가져온 차별화된 접근은 경쟁이 치열한 시장에서도 새로운 가능성을 탐색하고 소비자에게 새로운 선택지를 제공하는 중요성을 다시 한번 상기시켜 주었다.

처음 대표님을 만났을 때의 기억은 흰색 와이셔츠 차림이 단정하면서도 IT스타트업 대표들에게서 풍기는 샤프한 외모와 말투, 무척이나 예의바른 매너는 일반적인 외식업 프랜차이즈 대표들과는 뭔

일미리금계찜닭
브랜드로고

가 분위기가 사뭇 달랐다. 대화 속에서 대표님이 공대 출신이라는 점이 자연스럽게 드러났다.

외식업에 접근 방식이 특별했다. 맛을 내는 레시피연구나 원료공급 등 이런거에만 대부분 중점을 둔다면 우리 대표님은 공대생이라 그런지 주방시설설비의 동선이나 장치를 운영하여 음식을 만들어내는 편리성과 신속성, 정확성 등을 계량화하고 착오없는 중량제어시스템을 완벽히 맞춰내는 데 깊은 연구와 투자를 아끼지 않았다. 현재 외식업 프랜차이즈 사업의 확장을 위해서는 중앙집중식 주방시스템(Central Kitchen)의 구축이 필수적이며, 매장 내에서 홀 고객을 응대하기 위한 주방 시스템의 중요성도 강조되었다.

그러나 이러한 노력에도 불구하고 브랜드 비주얼 브랜딩에 대한 부분은 다소 부족해 보였다. 회사의 창립 임원으로 시작한 세 명의 친구 모두 공대 출신이었기에 비주얼과 브랜딩에 대한 안목이나 고민이 후순위였던 것 같다. 이러한 상황에서 브랜딩의 중요성, 특히 프랜차이즈 시스템에서 비주얼 아이덴티티의 필요성을 설명하는 것은 쉽지 않았다. 더구나 100호점 이상의 가맹점이 영업 중인 상태에서 리브랜딩을 추진하기엔 강한 의지가 필요했다.

첫 미팅 후, 일미리금계찜닭 매장을 찾아 직접 시식해보았다. 평소 먹던 찜닭과는 완전히 달랐다. 대표적인 시그니처 메뉴인 구름찜닭을 맛보았는데, 푸짐하게 올라간 퐁듀 스타일의 치즈 맛과 기본 양념의 매콤한 맛이 잘 어우러져 너무 맛있었다. 이는 젊은 층에게 특히 잘 맞는 맛이었으며, 사이드 메뉴로 제공되는 계란말이밥은 찜닭 소스와 함께 비벼 먹는 맛이 예술이었다. "음, 이거 정말 맛있는데, 내가 알던 안동찜닭과는 전혀 다른 거야! 근데, 매장 간판이나 인테리어는 너무 부족한거 같아…"라는 생각이 들었다. 매장과 메뉴가 매치 되지 않는 느낌이었다. 여기서 브랜드 개선이 반드시 필요하다는 확신이 들었다.

'일미리금계찜닭' 이라는 이름은 처음 들었을 때부터 길고 어렵고 고전적인 느낌을 준다. 고객층에 맞춰 젊고 세련되게, 그러면서도 프리미엄 찜닭이라는 인상을 주어야 한다는 숙제 앞에서, 어떻게 이를 풀어낼지가 관건이었다. 브랜드 개선을 통해 어떻게 성장시킬 수 있을지 집중적인 고민이 필요했다. 일미리금계찜닭은 이제 모든 준비를 마치고 PPL광고를 위해 광고, 홍보, 마케팅을 병행하며 도약의 터닝포인트를 가져가겠다는 의지가 충분했지만 실질적으로 비주얼을 완벽하게 변신하지 않으면 무용지물이란 생각이 들어서 완벽한 리모델링을 위해서 대표이사님 이하 중요 임원들과의 설득을 해내는 것이 가장 큰 난관이었다.

"대표님, 현재 네이밍은 그대로 가져가고 대신 로고는 완전히 새롭게 재디자인해서 런칭해야 합니다. 단호하게 제안했다. 새로운 느낌으로 완전히 새 옷을 입히는 작업을 진행하고 첫 번째 리모델링 직영 매장을 세팅한 후에 반응에 맞춰 기존 매장도 하나씩 바꿔나가야 합니다."

현재 100개란 숫자는 전혀 고객들에게 인지된 숫자가 아니라는 것을 강하게 알려드릴 수밖에 없었다.

대표이사님 협의 이후에 주요 임원 분들 중에 한분과 다시 인터뷰를 시도했다. 브랜드 개선을 통한 다양한 성공 사례들을 소개하며 지금이 변화를 위한 가장 적절한 시기임을 강조했다. 어느 정도 이해하셨지만 또 다른 임원분에게 직접 설득할 자신은 없다고 했다. 그래서 나는 직접 또 따로 만나 제안을 드리기로 했고 결정권이 있으신 주요 임원분들을 개별적으로 한 명씩 설득해 나갔다. 사실 이런 경우는 처음이었다.

100개의 점포 상태에서 리뉴얼을 시도하는 것은 기존 가맹점에게 큰 변화를 요구하는 일이다. 하지만 이런 경우 직영점을 통해 테스트를 진행하는 것이 좋고 명확한 개선이 보인다면 충분히 설득력을 가질 수 있다. 실제로 100개 정도의 점포는 고객들에게 크게 인지되지 않는 숫자이며 본사 입장에서는 큰 수로 인지되어 쉽게 변경하기 어려운 케이스가 많다. 하지만 브랜드가 더 확장되길 원한다면 브랜드 업그레이드를 위한 리브랜딩은 필수적인 과정이다.

이 과정을 통해 '일미리금계찜닭'은 성장할 수 있는 기반을 마련하게 되었다. 임원들을 적극적으로 설득해 나가는 과정에서 어려움도 있었지만, 디자인 개발 과정에서 우리의 제안을 관철시켜 나가는 데도 많은 노력이 필요했다. 하지만 서로 존중하며 미처 몰랐던 부분들을 함께 체크해 나가면서 더 좋은 결과를 도출할 수 있었다.

처음에 '일미리금계찜닭'의 일미리가 마을 이름인지 아니면 철판의 두께가 1mm인지 궁금했다. '일미리(一味里)'가 최고의 맛을 가진 마을이라는 의미로 결정되었다는 사실이 브랜드명의 의미로는 안성맞춤이었다.

또한 금계, 즉 황금색을 띠는 닭은 보통의 닭과는 다른 모습으로 신령스러운 존재로 묘사되었고 이 독특한 이름은 프리미엄 찜닭 브랜드로서의 포지셔닝에 잘 부합했다.

과거의 로고는 닭벼슬을 사실적으로 묘사하며 손글씨 형태의 로고타입으로 전통적인 느낌을 줬지만 새로운 시도를 통해 완전히 다른 이미지로의 변신을 계획함으로써 브랜드에 혁신적인 변화를 예고했다. 닭의 최고성을 상징하는 심벌 디자인은 왕관 형태의 닭벼슬과 엄지척하는 손동작을 결합한 창의적인 접근으로 브랜드에 새로운 생명을 불어넣었다.

황금색의 금계와 검은색의 조화는 럭셔리한 칼라로는 최고였고 이는 프리미엄 퓨전 찜닭이라는 브랜드 아이덴티티를 강력하게 전달했다. 이 변화는 단순한 외관의 변화를 넘어 브랜드 가치와 소비자 경험을 향상시키는 중요한 전환점이 되었다.

새로운 브랜드 로고의 도입은 '일미리'를 축소하고 '금계찜닭'을 강조함으로써 브랜드의 핵심 가치와 메시지를 더욱 명확하게 전달했다. 이를 통해 구름찜닭과 같은 퓨전 메뉴는 물론, 전체 브랜드의 프리미엄 이미지가 한층 강화되었다. 성공적인 리브랜딩은 비즈니스의 번창을 이끌었으며 지속적인 마케팅 전략과 함께 브랜드 성장의 핵심 요소가 되었다. 일미리의 경우는 여러 오너들을 설득하는 과정에는 어려움이 있었지만 서로 존중하면서 알지 못했던 부분들을 함께 체크해 나가는 모습을 보면서, 더 나은 결과를 도출할 수 있었다는 사실이 일미리 사례에서 느껴졌다. 현재도 지속적으로 브랜드를 관심 있게 지켜보고 관리해 나가고 있다.

고객들과의 지속적인 소통과 혁신을 통해 찜닭 업계의 선두주자로서의 위치를 더욱 공고히 하며, 한국 음식문화의 새로운 장을 열어가고 있다는 평가를 받고 있다. 이제 일미리금계찜닭의 이야기는 단순한 성공 사례를 넘어, 지속 가능한 성장과 혁신의 아이콘이 되었다. 이제 찜닭 업계에서 명실공히 1위 브랜드를 유지하며, 그 자부심을 어떻게 표현해야 할지 모를 정도다. 앞으로도 더욱 발전하기를 이 글을 통해 진심으로 바라본다.

약국에서 만나는 행복,
'휴베이스'의 철학

프랜차이즈 약국 '휴베이스'는 전국에 600개가 넘는 매장이 있다. 휴베이스 본사가 혁신을 도모하며 앞으로 리브랜딩을 목표로 브랜드개발 파트너를 찾고 있었다. 함께 협업 중인 간판 파트너 회사를 통해 강력한 추천을 받게 되었고 우리는 본사와 미팅 전에 가까운 성남 지역의 매장들부터 여러 곳을 방문해 보기로 했다.

첫 방문에서 가장 인상 깊었던 것은 강렬하면서도 감각적인 빨간색 출입문이었다. 간판에서 기둥까지 이어지는 백색의 전면부는 빨간색 출입문과 대비되어 강한 인상을 남겼다. 일반 약국과는 뭔가 다른 느낌의 강한 기대감이 몰려왔다. 내부는 전반적으로 깔끔했고 의약품들은 약장 진열대들에 카테고리별로 깔끔하게 정돈되어 있었다. 10여 개의 매장을 둘러보며 문제점을 찾고 어떻게 추가 개선 방안을 제시할지 고민했다.

휴베이스 본사 첫 미팅 때 회의에 참석한 임원진 모두는 놀랍게도 모두 현직 약사님들이라고 했다. 전문성을 가진 약사들이 전문 경영인으로 조직을 이끌어가고 있다.

약국 운영에 필요한 다양한 분야의 POS시스템을 직접 구축하고 프랜차이즈 방식을 통해 전파하고 있다. 인상적인 것은 휴베이스 캠퍼스를 만들어 약사들에게 적합한 커리큘럼을 통해 집중적으로 교육해 나가는 방식이다. 개인 창업보다는 여기 프랜차이즈 창업을 통해서 보다 효율적인 도움을 받고 개인 역량 또한 지속 발전해 나갈 수 있는 형태이다.

'휴베이스 약국, 그곳은 단순한 약을 파는 곳이 아니라 고객이 즐거운 약국'을 지향한다. 약국은 대개 찾게 되는 곳이지 가고 싶은 곳은 아니다. 결국 고객이 즐겁게 찾아가는 곳은 아니다. 그러나 휴베이스의 철학은 '약사가 행복한 약국, 고객이 행복한 약국'이다.

창의적인 아이디어를 실천으로 옮기는 약사들의 자발적 참여가 그곳을 단순한 약국이 아닌, 즐거움을 제공하는 공간으로 변모시키고 있었다. 즐거운 고객 뒤에는 반드시 즐거운 약사가 있다. 휴베이스의 약사들은 고객에게 건강을 전달하고 즐거운 공간을 창조한다. 건강한 제품 개발에 참여하고, 고객 서비스에 도움이 될 지침을 만들며 약국 경영의 성공을 위한 노하우를 전수하는 등, 다양한 활동을 통해 고객의 건강을 지키고자 하는 그들의 노력이 느껴졌다.

단순한 약국 경영을 넘어서 전용 모바일 앱 개발을 통해 통합 약국 POS DB를 운영하는 휴베이스만의 차별화된 시스템을 구축하고 있다. 약사 교육에 집중하는 휴베이스 약사 매거진 《휴북》과 교육 채널 '휴에듀 TV'를 운영하며 휴베이스 캠퍼스를 통해 보다 체계적인 학습 환경을 제공하고 있다. 특히 휴베이스 약국의 매출에 큰 영

향을 미치는 휴베이스 전용 PB 자사 제품들은 휴베이스 연구소에서 지속적인 R&D를 통해 개발되었다고 한다. 현재는 일반 의약품부터 일상 건강 식품에 이르기까지 건강예방제품까지 폭넓게 확장하고 있다. 그러나 브랜드의 인지도에 있어서는 아직도 해결해야 할 과제가 남아 있다. 약국들이 대부분 자신의 성이나 이름, 혹은 지역명을 따르는 전통적 방식을 고수하면서 휴베이스라는 브랜드 이름을 고객들이 기억하지 못하는 문제가 발생한다. 휴베이스의 메인 로고는 영어표식인데다 한글은 간판 안쪽에 눈에 잘 띄지 않았다.

ㅇㄴㄹ약국처럼 브랜드명을 명확하게 간판 메인에 배치하여 고객들이 브랜드를 쉽게 인지하도록 했다. 휴베이스는 현재 이러한 문제 해결을 위해 한글 로고타입 개발과 기존 심벌인 즐거움을 상징하는 바람개비 십자마크를 새롭게 업그레이드하여 간판에 함께 병기하는 전략을 세웠다.

십자가 칼라는 5도가 넘는 컬러플한 색상이었는데 투톤 단색으로 심플하게 제정리하여 기존보다 쉽게 인식시키기로 컨셉을 잡았다.

심벌마크의 십자가 형태에는 무한대의 가치와 성장의 날개를 형상화 하였다.

출입구의 "약"이란 글씨 또한 따뜻한 마음으로 고객을 맞이하는 인상을 주었다. "약사가 행복한 약국, 고객이 행복한 약국"이라는 휴베이스의 철학이 고객은 물론 약사들에게도 잘 전달되어 모두가 행복한 약국을 만들어가는 것이 휴베이스의 존재 이유다. 사실상 약국을 처음 오픈한 약사들은 고객에게 따뜻한 인사를 건네는 것부터 시작하지만 "어서오세요~ 안녕하세요?"라며 미소를 띄워도 "당신 같으면 그런 인사가 나오겠냐?"며 아픈 사람에게 어울리지 않는다는 핀잔을 받기도 한단다. 이런 불편한 경험이 쌓일수록 신입 약사들의 마음은 상처를 받고 그 미소 또한 점점 사라져 인사조차 제대로 건네기 어렵게 된다.

이런 이야기를 듣고 나니, 무심코 지나쳤던 부분이었지만, 약국을 찾을 때마다 약사들이 먼저 인사하는 모습을 본 기억이 별로 없다는 사실에 놀랐다. 이번 프로젝트가 약사님들의 고충을 조금이나마 이해할 수 있는 기회가 되었다.

휴베이스는 충분히 약사님들을 이해하고 있고 하나씩 불편함을 해소하면서 적절한 솔루션을 제공한다. 꾸준한 노력들을 통해 휴베이스는 약사, 고객 그리고 본사 모두가 만족할 수 있는 브랜드가 되었다. 시장의 트렌드와 경쟁 환경에 맞춰 지속적으로 업데이트하고 관리하는 것의 중요성을 임직원 모두가 인식하고 있다. 휴베이스 약국의 더 멋진 모습을 기대하며 우리도 함께 힘차게 응원한다.

프랜차이즈의 정석,
과거와 미래를 보다

 우리 일상에서 가장 흔히 마주하는 편의점, 피자가게, 커피 전문점 같은 프랜차이즈들은 이제 그 자체로 우리의 삶 속에 깊숙이 자리 잡은 소중한 동반자들이다. 간편하게 들르는 편의점은 어느새 바쁜 현대인에게 없어서는 안 될 편의를 제공하는 공간이 되었고, 피자 가게는 가족이나 친구들과 특별한 날을 기념하는 자리의 중심을 차지하고 있다. 또한 커피 전문점은 단순히 커피를 마시는 장소를 넘어, 휴식과 소통의 공간으로 기능하며 일상의 중요한 쉼터로 자리 잡았다.

 이들 프랜차이즈가 제공하는 서비스와 편안함은 결코 우연이 아니다. 지난 수십 년간 체계적인 운영과 철저한 매뉴얼, 지속적인 혁신을 통해 고객의 다양한 요구에 부응해 왔기 때문에 가능한 일이었다. 7-ElEVEn의 세심한 매뉴얼, 피자 가게의 고객과의 진심 어린 소통, 그리고 커피 전문점의 아늑한 공간 제공은 모두 그들만의 고유한 운영 철학과 성장 과정을 반영한다.

과거부터 현재까지 그리고 앞으로도 우리의 일상 속에서 작은 감동과 변화를 선사하며 끊임없이 발전해 갈 것이다. 우리는 다양한 프랜차이즈 브랜드들의 브랜딩을 함께 고민하고 실행하며, 그 과정 속에서 이들이 얼마나 체계적이고 진심 어린 노력을 기울여 왔는지 직접 함께해 왔다. 우리 주변에서 흔히 볼 수 있는 여러 업종의 이러한 매장들이 우리의 삶에 주는 편안함과 즐거움을 위해 얼마나 많은 노력이 깃들어 있는지를 생각하며 그들의 노력에 대해 함께 이해하고 격려해 주기를 바란다.

세븐일레븐
과거와 미래를 꿈꾸다

한해가 끝나갈 무렵이면 〈7-ElEVEn〉의 OB 멤버들은 송년모임을 갖는다. 벌써 30년 지기 동료들이다. 최근에는 거의 2년 만에 여러 선배들이 함께 모였다. 이제 우리 모두 점차 모임을 떠나고 있지만 그래도 오랜만에 다시 만나니 넘 즐거웠다.

교육팀의 멤버였던 선배들의 과거 경험을 들으면 메뉴얼에 대한 이야기가 많이 나온다. 당시 7-ElEVEn의 미국 메뉴얼은 정말 놀라웠다. 각 팀마다 철저하게 경우의 수에 따라 상세히 기록되어진

비즈워츠 사진발췌

　메뉴얼은 알아보기 쉽게 상세한 그림과 같이 표기되어 있었다. 디자인 부서 메뉴얼은 사진이 많고, 매장 내부용 디자인물부터 프로모션 행사 때는 몇 퍼센트 할인 표기까지 간단한 화살표 표식의 각도와 할인을 나타내는 숫자 크기 등 철저히 고객의 반응을 예측한 메뉴얼이었다. 매출의 상관관계를 여러해를 반복한 결과로 다음 디자인에 반영하여 최고 매출실적의 지침으로 삼는다는 것이다. 어떤 선배는 30년이 지난 지금도 가끔 그 메뉴얼 대로 접근해본다고 하니 나는 왜 그때 제대로 학습하지 않았을까 좀 아쉽다.

　프랜차이즈의 대표적인 예로 종종 언급되지만 실제로 경험해 보지 않은 사람들은 세부 내용을 알 수 없다. 초창기 7-ElEVEn은 커피콩과 빅바이트가 유명했는데 당시 7-ElEVEn은 커피콩을 직접 갈아 매일 2시간마다 신선하게 내린 커피를 맛볼 수 있는 유일한 곳이었다. 즉, 24시간 영업하는 편의점에서 항상 신선한 커피콩의 향을 느낄 수 있었다는 것이다.

또한 빅바이트라는 이름의 핫도그가 있었는데, 이는 큰 소시지를 한 입에 먹는다는 의미다. Big Cola와 Big Bites를 함께 먹는 즐거움이 있었다. 현장에서 바로 무한대로 소비할 수 있는 얼음이 가득 차 있고 현재는 코스트코 푸드코드에서 미국식의 비슷한 스타일을 맛볼 수 있다.

유럽에서는 '스테프 홀베어 핫도그'로 불리며, 국내에서는 줄여 '스테프 핫도그'라고 하는데 이는 Big Sausage를 "번"에 넣고, 구운 마늘과 피클을 올리는 점에서 비슷하다. 7-ElEVEn, 빅바이트에 대한 그리움 때문에 과거에 스테프핫도그 프랜차이즈 브랜드를 맡아서 했던 것도 행복한 경험이었다.

특히 많은 유명인사들이 출근 시간이면 7-ElEVEn의 반포점에 들러서 신선한 커피콩을 맛보았다고 한다. 단골들을 위해 신선한 커피 향과 맛을 보존하기 위해 매일 2시간마다 체크해서 커피가 남아 있으면 가차없이 버리고 새로 내려서 커피의 신선도를 유지했다고 한다.

프랜차이즈 매장을 돌며 슈퍼바이저가 반드시 확인하는 것 중의 하나가 커피콩이라고 들었는데, 사실 2시간이 지나도 커피를 마시는데는 전혀 문제될 건 없었다. 하지만 커피메니아들은 원두 맛과 향으로 충분히 알 수 있었고 그 맛을 항상 유지하고 있는 매장의 충성도는 상당히 높았다. 마치 유통기간이 지난 것도 아닌데 미리 버리는 것 같은 느낌도 들었을테고 멀쩡해 보이는 커피를 버리는 것이 아까워서 못하는 점주들도 있어서 본사 사내 교육팀이 점주님들을 교육시키는 데 어려움을 겪었다고 한다. 이러한 메뉴얼 하나하나를 따르는 행동이 궁극적으로 브랜드 가치를 창출한다.

　7-ElEVEn의 메뉴얼과 철저한 운영 방침은 고객에게 최상의 품질과 서비스를 제공하겠다는 약속을 반영하는 것이다. 2시간마다 신선한 커피를 준비하는 것에서부터 각 제품에 대한 꼼꼼한 관리에 이르기까지 7-ElEVEn은 일관성과 품질 유지에 있어서 타협하지 않는 태도를 보여주었다. 이러한 접근 방식은 고객들로 하여금 브랜드에 대한 신뢰와 충성도를 높이며, 브랜드 가치를 극대화하는 요소이다.

　이러한 운영 철학과 브랜드 가치를 통해 단순한 편의점을 넘어서 고객의 삶에 긍정적인 변화를 가져오는 브랜드로 자리잡았다. 지역사회와의 깊은 연결은 고객의 일상 속에 필수적인 존재로 만들어 준다. 현재 한국의 3대 편의점 중 7-ElEVEn은 매장 수에서 GS25와 CU에 비해 확연히 뒤처지며 3위를 기록하고 있다. 7-ElEVEn이 1990년대 한국에 처음 상륙했을 당시를 돌이켜보면, 당시부터 현재까지 일관된 성장 전략을 유지했더라면 지금과는 다른 결과를 맞이했을 것이라는 생각이 든다.

　특히 7-ElEVEn은 시장 진입 초기에 신선함과 고객 편의성을 강조한 혁신적인 접근 방식으로 브랜드를 차별화하려 했다. 편의점에서 신선한 커피 제공과 같은 서비스는 단순한 편리함을 넘어서, 고객들에게 새로운 경험과 가치를 제공하는 중요한 요소였다.

이러한 혁신과 고객우선을 중심에 두고 고객의 니즈와 기대가 변화하고 있음을 인지하고, 맞춤형 서비스와 제품의 지속적인 업데이트로 차별화된 가치를 제공하는 것이 중요할 것이다. 또한 기술과 디지털 트렌드를 활용하여 고객 경험을 향상시키고 편의점 이용 과정을 더욱 편리하고 즐거운 경험으로 만드는 노력이 필요하다고 본다.

7-ElEVEn이 처음으로 돌아가는 것은 과거의 성공 요인을 현대적인 시각으로 재해석하고 혁신과 고객 중심적인 서비스를 다시금 제공함으로써 한국 시장에서의 위치를 강화하고 다시 한번 편의점 업계의 선두 주자로서 자리매김할 수 있기를 간절히 희망한다.

신혼시절에 먹던
감동적인 프랜차이즈 피자

신혼의 달콤한 시절, 우리 둘만의 작은 신혼집에서의 생활은 지금과는 사뭇 다른 행복이었다. 주말 아침은 항상 해가 중천에 뜰 때까지 늦잠을 자고 걱정거리 하나 없이 느긋한 시간을 보냈다. 한 주간의 고단함을 보상받는 듯, 우리 둘 다 너무나 사랑하는 피자와 콜라를 주문했을 때, 모든 피로가 사르르 녹아내리는 기분이었다.

　그 때의 피자브랜드가 문득 떠올랐다. 그것은 아마도 내가 자주 가던 OO피자 가게 주인의 친절함 덕분에 좋았던 기억들이 떠올랐기 때문일 것이다. 신혼시절 20대 후반의 피자맛은 세상에서 가장 맛있는 좋은 기억으로 남아 있다.

　늘 그렇듯 주말 아침에 늦잠에서 깨어나면 어떤 피자를 먹을까 고민하며 단골 OO피자 가게 주인에게 추천을 부탁했다. 새로 나온 OO맛 피자가 있다고 해서 믿고 주문했다. 하지만 30분 만에 도착한 OO피자는 기대만큼 맛있지 않았다. 평소의 피자보다 맛이 떨어진다는 사실에 조금 실망했지만 배가 고팠기에 그냥 먹기로 하고 다음번에는 다시 주문하지 않기로 했다.

　그러나 한 시간 후, OO피자 가게 주인이 직접 전화해 피자맛이 어땠는지 확인해왔다. 솔직하게 맛이 좋지 않았다고 말했더니, 주인은 즉시 사과하며 우리가 주문한 OO피자를 가장 맛있게 만들어 다시 보내주겠다고 했다. 보내주지 않아도 된다고 했지만, 주인은 제대로 만들어 바로 보내주었다. 갑작스레 받은 두 번째 피자를 먹으며 우리는 감동을 받았고, 점주님이 이런 마음으로 사업을 한다고 생각하니 존경스러운 마음마저 들었다.

　그 피자 가게 주인의 행동은 오랫동안 좋은 기억으로 남아 그 동네를 떠난 후에도 해당 피자 브랜드에 대한 나의 충성도는 여전히 지속되고 있다. 프랜차이즈의 경우는 점주에 의해 운영됨에 따라 브랜드가 같은 이미지를 준다는 것이 본사의 역할만이 아니라 점주의 마음가짐과 행동이 얼마나 중요한지를 볼 수 있다. 이는 궁극적으로 점주의 행동이 바로 고객 만족으로 직결된다는 것을 의미한다.

내가 피자를 좋아하게 된 이유는 대학을 졸업한 후, 미국 브랜드인 피자헛 레스토랑 프랜차이즈 회사에서 일하는 꿈을 가졌기 때문이다. 왜 그런 꿈을 가지게 되었는지 생각해보니, 디자인 전공 후 처음으로 인턴십을 했던 외식 프랜차이즈와의 첫 만남이 큰 영향을 미쳤다고 본다.

대학에서 산업디자인을 전공하고 졸업 전에 인테리어 디자인 회사에서 인턴으로 잠시 근무했다. 주로 프랜차이즈 매장을 하는 인테리어 디자인 회사였고, 겨울방학 동안 약 3개월간 실무 작업에 참여했다. 당시 회사는 매장 내부의 인테리어를 디자인하고, 전체 외관 파사드를 기획했으며 그래픽 영역인 사인 로고까지 개발했다.

사장님은 그때 인턴인 나에게도 선배들처럼 사인보드 로고를 디자인할 기회를 주었다. 외식업종의 특성에 맞게 젊은 고객층에게 어필할 수 있도록 무엇을 해야 할지 생각했다. 기술적으로는 부족함을 느끼면서도 선배들 만큼 잘하고 싶어서 나 스스로를 더 채찍질했던 것같다. 놀랍게도 내가 제출한 디자인이 신선하다는 평가를 받았고 광고주의 선택으로 강남 한복판에 내가 디자인 한 사인이 걸린 가게가 문을 열었다. 그 당시 성취감은 아직도 나를 흥분시킨다.

시각 디자이너 인턴십을 통해 실무 경험을 쌓아가면서 유통 프랜차이즈 디자이너로서 그 길을 걸어왔다.

우리 회사는 매년 졸업예정자들을 인턴으로 채용한다. 여러 업종의 디자인 개발을 주력으로 하다보니 팀원들에게 다양한 경험을 제공하므로써 어떤 분야가 본인에게 적절한지 빠르게 파악할 수 있다. 특히 인턴십 기간 동안 실무에 투입되어 적어도 하나의 결과물로 이어지도록 하고 있다. 소소한 성취감이 쌓이면 목표가 더욱 명확해지고 꿈은 과정에서 위대한 성과를 이룰 수 있다. 그렇게 나는 나의 꿈이 이루어졌던 것처럼, 미래의 리더를 인큐베이팅하는 역할을 계속하고 싶다.

졸업을 앞두고 취업준비생 시절, 피자헛이나 맥도날드와 같은 미국 레스토랑 프랜차이즈 회사에서 일하고 싶었다. 멋진 매장 내부, 세련된 포스터, 맛있어 보이는 메뉴 사진들이 나를 유혹했다. 그러나 피자헛에는 디자인팀에 TO가 없었기 때문에 나는 본사를 직접 찾아가 무작정 지원서를 제출하고 기다려야만 했다. 그러나 마냥 기다릴 수만은 없었고 마침 7-ELEVEN의 한국 본사에서 신입직원을 공개모집하고 있었다. 그 당시에는 익숙하지 않았지만 [24시간 편의점, CVS]에 흥미를 느꼈고, 미국 브랜드이기 때문에 외식업계만큼 재미있고 배울 점이 많을 것이라고 생각했다. 너무 기쁘게도 디자인팀에 입사했다. 이렇게 나의 유통 프랜차이즈 디자이너로서의 삶이 시작된 것이다. 신혼 때 남편과 함께 맛있게 먹던 피자 한 조각의 추억은 나의 20대 초반에 프랜차이즈를 처음 접하게 된 기억으로까지 소환하여 행복한 추억을 선사한다.

한 잔의 커피, 라이프스타일의 문화를 바꾼 성공 비결

커피 프랜차이즈와 나는 깊은 유대관계를 맺고 있다. 처음 사업을 시작한 후에 롯데 엔젤리너스 커피 프랜차이즈를 만나 롯데외식사업부와 오랫동안 일하게 되었다. 나의 마지막 직장이었던 진로베스토아에서 함께 일했던 마케팅팀 선배는 퇴직 후 스타벅스로 이직했다. 그때는 신세계가 한국에 미국의 스타벅스를 오픈하며 커피 프랜차이즈의 새로운 장을 열었던 시기였다.

프랜차이즈를 언급할 때, 대표적인 스타벅스 커피 프랜차이즈를 빼놓을 수 없다. 스타벅스는 전 세계 76개국 35,000개의 매장을 운영하는 미국 글로벌 커피숍이다. 한국의 스타벅스는 1999년 이대 R점에서 첫 매장을 시작으로, 2024년 기준으로 1,937개 이상의 매장을 보유하고 있다. 스타벅스의 브랜드 가치는 2024년 기준으로 388억 달러로 추정되어, 세계에서 가장 가치 있는 브랜드 중 하나로 꼽힌다. 스타벅스의 브랜드 전략은 차별화된 제품 전략, 서드 스페이스 전략, 고객 경험 전략이다.

사실 미국에서 로스팅되어 가져온 스타벅스 커피 원두는 한 달 동안 보관되어야 하는데 그래서 맛이 좋은 것보다는 에스프레소에 크림을 추가하고 스타벅스의 독특한 레시피를 사용하여 다양한 맛의 커피 음료를 만드는 것이 특징이라고 생각한다. 나는 아메리카노만 마시기 때문에 원두가 훨씬 부드러운 카페를 선호하는 경향이 있다. 하지만 사람들은 커피 외에 여러 다른 가치가 있는 스타벅스 매장을 방문한다.

스타벅스의 서드 스페이스는 집이나 직장 외의 아늑하고 편리한 공간을 제공한다. 회의를 위한 공간을 넘어서 휴식이나 학습 공간으로 무제한 인터넷을 사용하고 에너지를 충전할 수 있는 가장 편리한 장소로 인정받고 있다. 걷다가 스타벅스를 발견하면 무엇을 하든 안심할 수 있다. 스타벅스 매장에서 제공하는 나무형 인테리어 마감재와 가구는 스타벅스의 독특한 재즈음악과 잘 어울려 정서적인 안정감을 주고 은은한 커피향은 일상의 편안함을 제공해준다.

한국에서 롯데가 2000년에 자체 커피 프랜차이즈를 개발한 것이 엔제리너스커피 브랜드이다. 해석하면 "우리 안의 천사"라는 뜻이다. 그리스 신화에서의 세 천사들의 사랑 이야기를 컨셉으로 매장 전체에 담아서 브랜딩을 시작했다.

나는 30대에 프랜차이즈 전문 디자인 회사로 포지셔닝하며 신규 프랜차이즈 본사를 주요 영업 대상으로 삼았다. 그때 롯데엔지니어스의 파트너로 5년 이상 함께하면서 300개 이상의 매장을 오픈하는 성과를 이뤘다. 우리가 다음으로 작업한 커피브랜드는 카페 드롭탑(DROPTOP) 커피프랜차이즈였다. 기본 로고 개발이 완료된 상태에서 우리는 실행단에 투입되었고 매장 분위기에 필요한 간단한 메뉴판부터 다양한 디자인물을 만들어 냈다. 2010년에 시험적으로 오픈한 첫 매장은 서소문에 위치한 주요빌딩의 1층 로비 한 켠을 임대한 다소 작은 공간이었다.

처음이었기 때문에 메뉴얼도 없고 모든 것을 하나씩 만들며 적용하는 단계라서 오픈날이 빠듯해서 상당히 어려웠던 기억이다.

가장 큰 난제가 웹사이트 제작이었는데 우리 회사 브랜드 디자인 팀과 웹디자인 전문 디렉터가 혁신적이고 창의적인 디자인을 통해 브랜드 가치를 높이는데 주목하고 기업의 아이덴티티를 찾고자 많은 고민을 했던 것 같다.

고심 끝에 결정한 아이디어는 '티저 영상' 홍보였다. 마침 드롭탑 매장은 앞에 작은 테라스가 있었는데 이 공간을 활용하여 뉴욕 감성의 야외 테라스에서 여유로운 시간을 보내는 장면으로 연출했다. 또한 세련된 정장 차림의 스타일로 커피 한 잔을 들고 출근하는 모습이나 예쁜 디저트를 먹는 여성의 입술을 근접 촬영하기도하고 드롭탑만의 시그니처인 웅장한 우드 출입문을 열며 나오는 모습을 보여주기도했다.

마치 한편의 스틸 영화 장면처럼 만들어냈고 30초짜리 영상은 인트로로서 매력을 느끼기에 충분했다. 그 당시는 웹사이트에 넣을 게 없어서 시간을 벌기 위해 만들어낸 아이디어였는데 오히려 무척 큰 호응을 받았다.

사실 이후에 배우 전지현을 메인모델로 발탁하면서 제대로된 이미지 촬영들을 하게 되어 먼저 만들었던 영상들은 쓰이지 못했지만 짧은 기간 사용하기엔 너무 아까울 정도의 성과물을 남기는 사례였다.

우리는 웹사이트를 인트로 영상으로 게시하는 역발상적인 아이디어로 감각적인 스타일을 만들어내어 오픈했다. 그 당시에는 거의 없던 컨셉이었지만 반응은 매우 좋았다. 오히려 호기심을 자극하고 어떤 카페인지에 대한 기대감을 높였다.

그이후에 바로 두 번째 매장은 강남에 예쁜 건물 2층에 복층형태로 설계되었고 최고의 장소에서 최고의 커피를 즐기는 드롭탑 메인 컨셉에 맞게 인테리어부터 가구들까지 모든 것이 최고 수준으로 설치되었다.

드롭탑 프로젝트는 런칭 1년차 때 너무 바쁜 나날들을 함께했던 작업이었는데 그 당시 대표 이사님에게 감사패를 받을 정도로 온 힘을 다해 헌신했던 브랜드로 기억된다.

그러고보니 나는 이런 커피 프랜차이즈에 꽤 오랜 시간 관련되어 있었다. 기억에 남는 로고나 인테리어와 달리, 드롭탑은 13년 동안 두 번의 브랜드 리뉴얼을 거쳤지만 끝까지 유지된 인테리어 컨셉 중에 하나는 우드로 만든 포인트월에 영문 활자 패턴이다.

모든 브랜드는 5, 6년 이른바 최소, 최대 10년에 한 번은 재건을 위해 브랜드를 변형 리모델링하고 업그레이드한다. 그런 의미에서 내가 관여한 프랜차이즈들은 상당히 오랜 기간 운영되는 경향있는 거 같아 큰 자부심을 갖게 된다.

2023년 통계청에 따르면 대한민국 커피 전문점이 10만 개가 넘었다고 한다. 그중 프랜차이즈 가맹점은 2만 6천개나 된다. 해마다 10% 이상 커피 매출이 늘고 있고 커피브랜드가 900개 이상으로 치킨브랜드보다 많다고 한다. 대한민국 사람들은 유독 커피를 사랑하는 것 같다. 나 또한 글을 쓰는 공간으로 카페를 자주 이용한다. 커피 전문점은 지금도 고객에게 브랜드를 인지시키기 위해 소리없는 전쟁을 치룬다. 여러 프랜차이즈의 성공 스토리가 창업을 꿈꾸는 많은 사람들에게 깊은 영감을 불러오길 바란다.

이 글을 정리하며 인생을 돌아보다

브랜드 디자이너로서의 인생을 돌아보다

유통 디자이너로 시작해 브랜드 개발 전문가로서 오랜 시간 사업을 이어오면서 매 프로젝트는 새로운 여정으로 다가왔다. 처음에는 단순히 시각적인 디자인 작업에 집중했지만, 시간이 지남에 따라 브랜드의 핵심 가치를 이해하고 그것이 시장에서 어떻게 자리 잡을지 고민하는 것이 진정한 과제라는 것을 깨닫게 되었다.

매번 새로운 프로젝트를 시작할 때마다 클라이언트와 소통하며 그들이 원하는 것과 브랜드의 고유한 이야기를 어떻게 시각적으로 풀어낼지 고민하는 과정은 언제나 도전적이었다. 신규 프랜차이즈 론칭부터 유통 브랜드 리브랜딩까지, 각 프로젝트마다 고유의 스토리가 담겨 있으며, 이를 풀어내는 과정에서 단순한 디자인 이상의 가치가 요구되었다. 브랜드의 철학과 시장 전략을 반영해 지속 가능한 가치를 만들어 내는 것이 진정한 목표였다.

오랜 시간 쌓아온 경험과 노하우는 단순한 디자인을 넘어, 브랜드의 정체성을 구축하고, 고객과의 진정성 있는 관계를 형성하는 방법을 터득하게 했다. 브랜드의 탄생부터 성장, 그리고 성숙에 이르는 과정을 함께하며, 매번 새롭게 배우고 도전하는 그 여정이 내게는 특별한 의미가 있다.

브랜딩의 여정은 결국 사람들과의 소통과 교감을 통해 이루어진다. 다양한 브랜드와의 만남 속에서 깨달은 가장 중요한 교훈이 있다면, 결국 브랜드란 사람과 사람 사이의 관계에서 탄생하고 자란다는 것이다. 브랜드는 클라이언트의 이야기를 담는 그릇이며, 그 디자인이 얼마나 진정성 있게 그들의 이야기를 반영하느냐에 따라 브랜드의 성공 여부가 결정된다고 믿는다.

브랜딩 과정에서 가장 중요한 것은 클라이언트의 진정한 목표와 비전을 이해하는 것이다. 단순히 제품이나 서비스의 외형을 꾸미는 것이 아니라, 그들의 사업 철학과 가치를 깊이 파악해 이를 시각적으로 표현하는 일이 필요하다. 이러한 과정은 브랜드의 스토리텔링을 강화하고, 고객과의 감성적 연결고리를 형성하는 데 기여한다. 결국 브랜드는 시장에서의 경쟁력을 얻을 뿐 아니라, 오랫동안 사랑받을 수 있는 지속 가능한 힘을 얻게 된다.

이러한 철학을 바탕으로 앞으로도 더욱 많은 브랜드와 함께하며, 그들의 이야기를 가장 효과적으로, 그리고 진정성 있게 표현할 수 있는 디자인을 만들어갈 것이다. 이 책이 브랜드 개발과 브랜딩에 관심 있는 분들에게 작은 영감이 되길 바라며, 프랜차이즈 분야에서의 새로운 도전을 준비하는 많은 분들께 도움이 되기를 기대한다.

에필로그

　성공적인 프랜차이즈 브랜드들은 단순히 매장을 늘리는 것에 집중하지 않는다. 브랜드의 철학을 발전시키고, 시대의 변화에 맞춰 유연하게 대응하며, 고객과의 진정성 있는 소통을 최우선으로 삼았다. 변화하는 시장 환경 속에서도 브랜드가 소비자에게 전달하고 싶은 메시지를 시각적으로, 경험적으로 녹여내는 작업이 중요했다. 내가 디자인을 통해, 브랜드 컨설팅을 통해 가장 집중했던 부분도 바로 이 지점이었다. 브랜드는 결국 사람이 만든 것이고, 사람과의 관계에서 성장하는 것이기 때문이다.
　이 책을 통해 프랜차이즈 브랜드를 운영하거나 계획하는 사람들이 단순한 가맹사업을 넘어, 어떤 브랜드 철학을 만들어가야 하는지 고민하는 계기가 되었으면 한다. 브랜드를 키운다는 것은 곧 사람과 문화를 키우는 일이기 때문이다. 나는 이 과정이 단순한 사업이 아니라, 우리가 살아가는 방식을 바꾸는 힘을 가질 수 있다고 믿는다.
　프랜차이즈 사업의 본질은 함께 성장하는 것이다. 브랜드와 고객, 가맹점주, 본사가 공생하며 발전하는 것이 장기적인 성공의 핵심 요소이다. 지속적인 혁신과 진정성 있는 브랜드 운영이 이루어지길 바란다. 이 책을 덮는 분들이, 그리고 앞으로 프랜차이즈를 고민하는 사람들이 '나만의 철학'을 브랜드에 담을 수 있기를 바란다.

Part 2.
프비티 FBITI (구. 큐브)
프랜차이즈 비즈니스 아이티 인티그레이션

권혁태

현, 디지엠정보기술 주식회사 대표이사, 디지엠유닛원 주식회사 대표이사. 전, 유아쿨 대표. 단국대학교에서 전산통계학과를 전공하고 전산통계학 석사, 컴퓨터과학 박사과정을 수료했다.

25년 이상 IT 분야에 몸담고 있으며 다양한 정부 과제 평가위원으로 평가 뿐만 아니라 멘토링과 컨설팅을 하고 있다. 사업적으로는 다양한 기업들에 Digitalization과 DT(Digital Transformation)를 제공해 오고 있다. 현재는 기업에 IT 전체 부서 혹은 프로젝트 전체의 기술 및 인력을 제공하는 솔루션 프로바이더 사업과 SaaS 기반의 프랜차이즈 본사용 올인원 IT 솔루션을 제공하고 있다. 프랜차이즈 최고전문가과정, 글로벌미래브랜드ESG 최고경영자과정, 브랜드ESG경영전문가자격증 1급 취득

새로운 기회의 발견

디지털 전환의 시작, 멤버십

　디지털 전환(Digital Transformation)은 기존의 업무를 디지털화(Digitalization)하는 것과 달리 다양한 데이터 수집과 분석을 통해 새로운 기회를 창출해 내는 것을 의미한다. 디지털 전환의 빠른 성과를 내려면 무엇을 먼저 시작해야 할지 고민하며 프랜차이즈 가맹본부 업무를 크게 2가지 줄기로 정의하였다.
　첫 번째 줄기는 가맹점 중심의 B2B(사업자간 거래, Business To Business) 관리이다.
　가맹점은 가맹본부에서 가장 많은 관리포인트를 가지고 있는 부분으로 가맹거래법을 준수하는 업무처리 및 계약기간, 보증보험의 기간 등 다양한 계약사항과 관련된 부분의 관리와 수발주 및 정산, 매출 분석 등을 해야 한다. 뿐만 아니라 가맹점 이외에도 자사에서 제품과 상품을 공급받는 매출처, 가맹점과 매출처에 다양한 상품과 서비스를 공급하는 파트너(공급사, Supplier)를 관리하고 수불내역과 통계를 관리할 수 있어야 한다.

두 번째 줄기는 가맹본부 브랜드를 이용하는 고객 중심의 B2C(기업과 고객간 거래, Business To Customer) 관리, 즉 고객관계관리(CRM : Customer Relationship Management)이다.

프랜차이즈에서의 고객관계관리는 주로 멤버십을 이용한다. 간단하게 포인트를 적립하고 사용하는 것을 시작으로 쿠폰과 선불카드, 구독 등 다양한 개인화 서비스를 이용하도록 장려하고 고객의 데이터베이스를 구축한다. 이를 통해 구축된 데이터베이스를 통해 고객을 분석하고 적극적인 마케팅을 실행하여 고객의 충성도를 높여가는 것을 목표로 한다.

두 개의 줄기를 기준으로 어떤 것이 시장에 빠르게 진입하여 시험을 해 볼 수 있는 주제인지 고민했다.

당시에는 수발주 위주의 서비스가 많았기 때문에 상대적으로 더 많은 경험과 솔루션을 가지고 컨설팅을 해왔던 멤버십을 먼저 준비하였다.

기존에도 개인 사업자들을 대상으로 포인트 적립 형태의 고객 멤버십을 제공하는 회사들이 몇몇 존재했다. 기존 기업과의 분명한 차이점으로 가장 먼저 '화이트 레이블 제품'(White Label Product, 고객사의 브랜드로 제공되는 제품 혹은 서비스)으로 구성했다.

프랜차이즈는 브랜드 비즈니스인데 기존 멤버십 서비스 기업들은 자기들의 브랜드를 노출시키고 자신들의 대표 전화번호로 문자메시지를 발송하며 고객데이터를 각 사업자가 아닌 자신들의 소유로 정의하여 서비스를 제공했다. 뿐만 아니라 중견 프랜차이즈 브랜드들의 통합 멤버십 서비스의 포인트 정산 문제를 개선했다. 기존 통합 멤버십의 포인트 사용에 대한 가맹본부 정산 방식은 포인트가 사용된 매장 점주와 가맹본부와 반반씩 부담하는 구조(사용된 금액의 절반만 가맹본부가 정산)를 채용하고 있다.

가맹본부 입장에서는 사용되는 포인트의 50%를 정산해 주는 것을 마케팅 예산으로 분류하고 있으며, 고객이 적립하는 포인트의 누계가 본사 재무제표상 부채로 계상된다.

실질적인 계산을 해 보면 가맹본부의 물류 마진은 직접 물류 운용 시 30%, 통상 3PL(3자 물류)를 이용하는 경우 15% 내외의 마진을 가져간다.

문제는 발행된 포인트의 정산을 계산할 때 상당히 큰 금액을 가맹점 포인트 정산으로 사용되어야 하며 아래 표의 예시를 기준으로 15% 물류 마진을 가지는 가맹본부의 50% 포인트 정산시 무려 물류 마진의 60%에 가까운 금액을 가맹점 포인트 정산비용으로 사용하기 때문에 지속적인 적자구조를 맞을 가능성이 높다. 나는 이 부분에 주목하여 가맹점 간의 포인트 정산을 실현하는 새로운 기술을 개발하고 특허를 출원했다. 포인트의 적립과 사용시 가맹본부의 개입 없이 적립한 가맹점에서 사용된 가맹점에 1원 단위의 포인트까지 서로 정산해주는 방식이다. 이 기술을 통해 가맹본부는 포인트 적립

비용을 재무제표상 부채로 계상할 필요가 없으며 가맹본부의 비용으로 가맹점에 포인트를 정산해 주지 않기 때문에 회사 이익구조를 혁신적으로 개선해 준다.

카페 프랜차이즈 예시	가맹점 수	가맹점 평균매출	포인트적립 비율	룰루 대출
	70개	월1,500만원/가맹점	5%, 현금 10%	연간 36억원

연간 정산 포인트
(고객의 사용 포인트)
30% : 6억 3천만원 X 30% = 1억8천900만원
40% : 6억 3천만원 X 40% = 2억5천200만원
50% : 6억 3천만원 X 50% = 3억1천500만원

물류 마진
(15% ~ 30% 예시)
15% 마진 시 5억4천만원
30% 마진 시 10억8천만원

연간 발행 포인트
1500만원 X 70개 X 12개월 X 5%
= 6억 3천만원

이외에도 바코드 발권이 가능한 쿠폰, 선불카드, 전자영수증, 구독형 멤버십 등 다양한 서비스를 로드맵으로 설정하여 멤버십 시스템을 구성하고 '카페블렌드'로 인연이 되었던 카페 프랜차이즈 기업 S사와 시범 서비스를 시작하기로 협의하였다.

2020년 봄 S사의 20여 가맹점을 중심으로 멤버십 시스템의 시범 서비스가 시작되었다. 시범 서비스의 구성은 가맹점 매장 내 방문한 고객이 매장 내 포스기기에 연결된 키패드로 휴대폰 번호를 입력하

여 포인트를 적립하면 알림 메시지를 통해 적립 안내와 함께 카카오톡 기반의 멤버십 앱으로 연동되는 시나리오를 가진 서비스였다.

초기 서비스의 안정성 확인을 위해 아침 러시 타임(7:30분 ~ 9:30분)과 점심 러시 타임(12~14시) 2개 시간 대에 시스템을 모니터링하며 시스템을 안정화 하였다. 사용상 개선점에 대해 몇몇 가맹점에서 피드백이 들어왔고 우리 팀 멤버들은 빠른 시간 내 앱을 개선하여 가맹점 현장의 피드백을 구했다. 하지만 대부분 아르바이트를 많이 쓰는 카페의 특성과 가맹점주 역시도 바쁜 자영업의 특성으로 빠른 피드백을 받지 못해 답답함을 가지게 되었다. 빠르게 실험하고 변경하고 적용하고자 하는 애자일 조직문화를 가진 우리 팀의 업무 방식에 맞지 않는 느린 피드백은 나로 하여금 또 다른 도전을 결단하게 만들었다.

판데믹 한 가운데 카페 사장되기

커피를 좋아하는 나는, 언젠가 넓고 쾌적한 카페를 차리고 커피를 내리며 심심할 때 일을 하다가 손님이 오면 누군가에게 커피를 내려주고 방문한 사람에게 멘토링도 해주는 막연한 꿈을 가지고 있었다. 그렇게 막연한 꿈을 가지고 살던 내게 카페 프랜차이즈 관련 솔루션을 만들다가 가맹점주의 피드백이 느려 답답함을 느끼게 된 상황은 카페를 차릴 좋은 명분으로서 부족함이 없었다.

　함께 일하는 팀 멤버들에게 카페를 직접 운영해 보자고 했다. 우리가 수정하고 새로 만든 소프트웨어를 우리 매장에서 바로 테스트 해보고 직접 운영해 보자는 것이었다. 특이한 것인지 모르겠지만 팀 멤버들은 설득할 필요도 없이 동의하였다. 우리 팀은 애자일 조직문화를 추구하며 동기부여된 사람들이 모여 함께 일한다. 이름 대신 닉네임을 부르며, 존칭은 최대한 생략하는 것을 권장한다. 우리는 직급도 연차도 직원도 보고도 존재하지 않는 수평적이며 유기적인 기업문화를 만들어가고 있다. 때문에 모든 사람이 동등한 멤버로 의사결정에 참여할 수 있으며, 매년 12월 다같이 모여 회사의 결산 이익 중 50%를 멤버 인원으로 N분의 1을 계산하여 성과급으로 나누어 갖는다.

　S사 대표님께 특별히 의도를 설명하고 함께 만들어갈 솔루션을 위해 가맹진행을 했다. 해당 브랜드의 대표님은 우리가 전업 장사를 할 것이 아니기 때문에 적당한 비용과 수준의 자리를 추천해 주셨고 그리 좋은 입지의 매장은 아니었지만 서울 영등포구 양평동에 섬처럼 떨어져 있던 아파트형 공장 1층 별관의 오랫동안 비어있던 실평수 27평의 상가를 얻게 되었다. 해당 건물은 좌우측 양쪽에 대형 마트가, 길 건너편에는 학교가, 반대편에는 대형 골프연습장과 오피스텔이 위치했다. 사실상 섬과 다름 없었고 해당 건물의 근무자 이외 외부 고객의 유입이 쉽지 않은 위치였다. 뿐만 아니라 그 섬 안에는

우리 말고도 이미 3개의 카페와 1개의 편의점이 자리잡고 있었으며, 우리 매장을 오픈 하자마자 베이커리와 커피를 싸게 파는 편의점이 추가로 입점됐다. 우리 매장은 건물과 건물 사이 안쪽으로 들어와야 가운데 쯤에 비로소 보이는 그야말로 알려지지 않으면 찾아오기 힘든 위치에 자리했다. 하지만 반평생 소프트웨어 개발업에 종사했던 내게는 진짜 카페용 장비들과 원두가 있는 진짜 카페였다. 가맹본부에서 파견해준 오픈바이저와 함께 장사의 기술을 연마하며 2020년 5월 드디어 우리 카페를 정식 오픈했다.

수요일이었던 오픈 첫날 82만원을 시작으로 금요일이었던 오픈 마지막날 99만원 매출을 거두며 우리가 진입한 섬에 하루 평균 1,000잔 가까운 음료를 퍼뜨렸다.

주변 경쟁자를 기준으로 상권 분석을 마치고 잘 해왔던 일을 진행했다. 첫 번째로 우리 팀 개발자들의 테스팅을 위한 서빙 외에 외모가 준수한 알바들 특별히 잘생긴 남자 알바를 구했다. 알바가 예뻐서 남자들이 자주가는 매장에는 상대적으로 여자 고객들이 잘 안가기 때문에 쿵쿵 거리는 음악에 잘생긴 남자 알바를 배치시키는 전략이었다. 두 번째로는 제휴 멤버십을 운영했던 경험을 토대로 우리가 입주해 있던 건물의 지하 구내식당과 제휴를 맺어 구내식당 식권을 가져오면 음료 2잔으로 교환할 수 있는 정책을 만들어 구내식당 고객을 끌어들였다. 세 번째로는 건물 주변 식당들을 이벤트와 영수증 제휴 상대로 만들어 해당 식당에 방문하는 고객을 공유하는 정책을 만들었다.

　매일 발생하는 매출과 특이점, 날씨를 기재하여 데이터를 만들었고 날씨에 따른 매출감소나 판매되는 메뉴의 추이를 파악하여 매장이 위치한 골목 앞 시선이 닿는 곳에 날씨에 따라 X배너를 변경하여 배치했다. 추우면 쌍화차나 와인빛 오미자차와 같은 상품을 배치하고 더우면 땡모반, 청포도 쥬스 등의 과일쥬스를 배치했다. 또한 2,000원 아메리카노 배너는 상시 배치하여 브랜드 이미지를 유지하였다.

　개발자들은 자신들이 만든 멤버십 앱을 이용하여 주문을 받고 음료를 서빙했다. 실제 바쁜 시간에 주문을 받아보면서 현장에서의 사용성을 파악하고 시선과 손가락 움직임의 동선, 화면이 나타나는 순서 등을 변경하며 매일 매일 테스트와 개선을 반복했다.

　오픈 이벤트를 마친 우리 매장은 일 50만원 매출로 떨어졌다가 차츰 80~100만 원 사이의 일매출로 성장했으며, 가장 큰 평수를 자랑하던 1순위 경쟁자는 우리가 운영하는 1년 반 동안 주인이 두 번 바뀌었고, 근처에 있던 알바가 예쁜 카페도 예쁜 알바는 그만두고 점주는 어머님께 매장을 맡겨둔 채로 대학원 공부를 하러 다른 곳으로 갔으며, 대형 마트 직원들의 쉼터로 사용되는 곳만 큰 변동없이 유지되었다.

　직접 카페를 오픈하고 운영하면서 확인하니 어느덧 멤버십 프로그램 기능은 안정되었고, 매출도 높아져 프로그램 개발을 위한 실험용 매장의 매출이 S사 가맹점 중 상위권에 랭크되었다.

매장을 개업한 2020년 5월 중국에서 코로나19 바이러스가 발생했다는 말이 나왔고 우리 매장은 홀의 의자를 모두 치우고 테이크아웃과 배달 영업만 진행했다. 80~100만원 사이의 일 매출은 40~70만원 대로 30% 이상 감소했다.

코로나19로 전 세계가 패닉에 빠진 상태였고 여러 회사들이 비대면 재택근무 제도를 도입하기 시작했다. 아이러니하게도 매장과 달리 우리 회사는 코로나19가 터지기 전부터 비대면 업무를 이미 도입한 상태일 뿐만 아니라 근무 시간에 특별한 제약을 두지 않는 자율근무를 도입한 상태였기 때문에 소통에 문제가 없었으며 기타 손실도 없이 업무를 진행할 수 있었다. 우리는 홀 영업이 금지되어 패닉에 빠진 매장을 위해 이벤트 마케팅을 기획했다.

3개월 이상 쌓여 있는 고객 데이터의 분석과 주변 상권 분석을 통한 다양한 전략으로 우리 매장 고객의 연령층과 선호 메뉴 등을 파악하였고 잠재 고객의 인원 수를 확인하였다. 비록 홀 내부에 앉을 수는 없었지만 매장에 발길이 끊기지 않도록 하는 것이 목표였다. 12월 홀 영업이 금지된 시점에서 크리스마스 이벤트를 기획했다. 우리 매장은 30~40대까지의 연령층의 고객이 포괄적으로 분포되어 있었고 멋진 알바생들을 배치한 덕분에 이벤트 참여에 진심이며 인스타그램을 사용하는 여성층 고객도 많이 확보된 상태였다.

먼저 이벤트의 목적은 "동계 비수기 고객 리텐션과 코로나19 대응 동일 건물 배달 활성화를 위한 크리스마스 시즌 이벤트"로 설정하고 브랜드 전체를 호환하지 않는 매장 단위의 이벤트를 설정하여 진행 매뉴얼을 만들었다. 먼저 11월 30일부터 12월 31일까지 한 달 간 구매자에게 영수증과 함께 도장쿠폰을 배부하고 한 번 주문시 마다 도장을 찍어서 5개 마다 붕어빵이나 음료를 제공하는 등의 상시 이벤트를 진행하였다. 또한 10개 도장을 모두 찍은 쿠폰은 응모함에 넣어 2021년 1월 추첨을 통해 다양한 상품을 증정하도록 했다. 만들고 보니 너무 잘 만들어서 우리는 S사 본사에 우리 매장 이벤트를 알렸고 희망하는 가맹점에 우리 이벤트 키트를 제공하겠다고 알렸다. 당시 20여 개의 매장 중 17개 매장이 참여하여 이벤트를 시작하였으며 12월 적자를 면하지는 못했지만 홀 영업이 금지된 판데믹 한 가운데의 일 평균 매출이 65~90만원으로 경쟁 매장들과 달리 우리 매장에는 고객들의 발걸음이 끊이지 않았다. 고객에게 제공하는 경품은 상징성을 위해 1위는 아이패드를 2위는 히팅 패드, 3위 풋워머를 선물했다. 무엇보다 중요한 것은 이외의 선물들 모두를 주변 식당들의 식사 메뉴를 상품으로 제공했다. 바로 옆집인 자장면집 탕수육 상품권, 칼국수집 식사권, 김밥집 식사권, 횟집의 제철 대방어, 구내식당 식권 등 판데믹으로 힘든 식당 사장님들에게 이벤트를 설명하고 사전 결제를 해드려 식사권을 받으시면 고객에게 메뉴를 제공하도록 안내드렸다. 사전 공지한 일자를 기준으로 추첨일을 지정하고 인스타그램 라이브를 통해 매장에서 추첨을 했다. 암울한 소식

뿐인 판데믹이었지만 사람들은 우리 이벤트에 즐거워했고 당첨 소식에 모두 행복감을 느꼈다.

후일 이 이벤트 때문에 단골 고객들이 많이 늘었으며 식당 사장님들도 우리 카페가 해당 상권의 최고로 장사 잘되는 카페라고 주변 사람들에게 소개해 주신 덕분에 우리는 1년 반 동안 카페를 잘 운영하고 총 투자대비 1.5배의 수익을 거두며 새로운 가맹점주님께 우리 매장을 양도해 드려 첫 EXIT의 기쁨을 맛보았다.

소프트웨어 개발을 위해 매장을 오픈하고 운영을 하며 사실상 소프트웨어보다 사람을 향한 새로운 기회를 엿보게 되었다. 20년 넘도록 소프트웨어 계열의 인력만 채용했던 나로서는 더 많은 사람들을 만나고 고용하는 것에 대해 업종의 한계를 느꼈다. IT 업계는 타고난 재능이나 성향을 무시할 수 없는 것과 달리 F&B(Food and Beverage) 사업이나 서비스업 계열의 사업들은 성실함과 기초적인 센스로 무장한 친구들을 고용할 수 있다는 것이 너무나 매력적이었으며 고객과 빠르게 소통하고 변화하고 성장할 수 있다는 점이 나를 사로잡았다. 때문에 매장 운영의 경험으로 프랜차이즈 비즈니스에 대한 관심이 한층 더 높아져 프랜차이즈산업협회와 프랜차이즈산업연구원에서 운영하는 '프랜차이즈 최고 전문가 과정'에 입학하여 프랜차이즈 비즈니스 전반에 대한 교육을 이수하게 되었으며, 프랜차이즈 비즈니스의 시작부터 운영 단계를 위한 다양한 사항들을 익히며 업계 브랜드 대표자들과 다양한 파트너들과의 네트워킹을 시작하게 되어 현재는 소프트웨어적인 솔루션 뿐만 아니라 가맹사업 전반을 위한 솔루션을 제공하는 비즈니스를 할 수 있게 되었다.

프랜차이즈 시스템과 디지털전환(DT)

프랜차이즈 시스템은 대부분 가맹본부가 가맹점에 브랜드와 가맹본부가 갖춘 다양한 노하우를 쉽게 전수하고 관리할 수 있는 교육, 매뉴얼, 연구개발, 물류 등의 구성과 가맹점과의 관계 관리를 위한 슈퍼바이징과 관련된 사항을 중심으로 구성된다. 그 방향이 본사 내부의 경영 보다는 가맹점을 관리하고 확장시키는 것을 향한다.

준비되지 않은 시스템과 맨파워로 가맹점 유치에만 집중하는 경우 10여개의 가맹점 전후로 다양한 어려움에 직면하게되고 우왕자왕하던 직원들이 퇴사하는 경우가 빈번하게 발생한다.

디지털 전환(DT : Digital Transformation)의 시작은 업무를 디지털화(Digitalize)하는 것부터 시작된다. 가맹본부 내부 업무의 디지털화를 통해 업무의 정형화를 이루어 구성원들의 적응도를 높이며 피로도는 낮춰주는 것이 중요하다.

내가 만났던 초기 프랜차이즈 기업인 P사는 오피스 상권을 중심으로 하는 카페 프랜차이즈였다. 이 기업은 가맹점 10여개를 넘어서며 젊은 층에 어필하는 감각적인 인테리어와 트렌디한 메뉴 개발을 통해 빠르게 성장하는 중이었다. 가맹점의 발주 처리는 메신저를 이용해 접수되었으며 가맹본부 담당자는 접수 내역을 엑셀에 옮겨적고 다시 매입처에 발주를 넣어 주문을 완료 처리하는 형태로 업무를 진행했다. 초기에는 그럭저럭 동작했지만 빠르게 성장하는 브랜드인 만큼 발주 담당자의 업무 실수가 많아졌다. 주문을 했지만 비슷한 이름의 다른 가맹점으로 접수되는 경우도 있었고 무엇보다 매월 발주 물량의 정산서를 발행할 때가 되면 발주 합계가 맞지 않는 문제가 지속적으로 발생하고 담당자의 퇴사와 입사가 반복되었다.

P사는 우리 통합 솔루션을 도입하고 주문 오류와 정산 오류가 사라졌으며 다양한 가맹점 관리정책을 통해 안정적인 운영을 하고있다. 뿐만 아니라 매월 초 정산서를 만들어 청구하기 위해 많은 사람들이 투입되어 정산서를 생성하고 수정하고 세금계산서를 발행하고 미수금을 받기 위해 전화하고 찾아갔던 업무가 사라졌다. 뿐만 아니라 매일매일 가맹점 주문을 받아 각각의 공급처에 발주서를 넣기 위해 일하던 직원이 필요 없어졌기 때문에 경리팀에서 병행업무를 할 수 있도록 변화되어 1명 이상의 인건비가 줄어들게 되었고, 자동화되고 정형화된 업무 방식으로 입사하는 직원들의 업무 적응도가 높아져 빠르게 안정을 찾아갔다. '네모바퀴'를 갈아끼우려는 대표자의 결단과 노력이 결국 '세 사람의 법칙'을 뛰어넘게 된 것이다. 2023년 12월 현재 P사는 100여개의 가맹점을 가진 브랜드로 성장

하였으며, 다음 단계의 성장을 위해 우리 팀과 수퍼바이징 시스템을 구축하고 있다.

수퍼바이징은 여러 정의를 찾아볼 수 있으나, 간단하게 가맹본부가 만든 브랜드의 품질과 가치를 가맹점에서 그대로 구현하여 가맹점의 매출의 증대를 통해 가맹본부와 함께 상생하는 것을 목적으로 하는 다양한 활동을 포괄적으로 의미한다. 수퍼바이징 시스템은 데이터 통합과 분석을 통해 효과적인 수퍼바이징을 실행하는 토대를 마련한다. 통상의 수퍼바이징 시스템은 QSC 혹은 QSCx로 품질(Quality), 서비스(Service), 청결도(Cleanness) 그리고 브랜드에 따라 다양한 지표를 매뉴얼에 따라 체크리스트로 만들고 수퍼바이저가 각 가맹점에 방문하여 정기적으로 체크하는 방식으로 운영되며 수퍼바이저는 각 가맹점의 체크리스트 성취도에 따라 적절한 지도를 병행한다. 초기 가맹본부는 QSC를 제대로 관리하지 못하거나 MS사의 엑셀과 같은 스프레드 시트를 이용해 관리하기도 하며 QSC 서비스를 제공하는 앱을 이용해 관리하기도 한다. 하지만 가맹점주 중에는 시간이 지날 수록 바쁘고 피로도가 높아지며 수퍼바이저의 지도사항을 잘 수용하지 않는 경향을 가지기도 한다. 가맹점주에게 가장 효과적인 지도 전달을 위해 수퍼바이징 시스템은 5가지 요소를 함께 고려하여 개발되어야 한다.

첫 번째로는 각 가맹점의 창업정보이다. 가맹점주의 성별, 연령, 학력, 창업비용을 기초로 데이터를 구축하고 해당 가맹점의 상권 특성과 상가 임대료 데이터를 함께 구축한다. 이를 통해 가맹점이 속한 상권과 지역에 따른 비용 통계와 가맹점주의 인구통계학 정보를 모아 두어야한다.

두 번째로 가맹점의 매출 통합 데이터이다. 판데믹을 거쳐가며 비대면 주문 및 배달 주문 시장이 급격하게 성장하여 포스에서 주요 매출이 집계되던 시절과 달리 포스, 키오스크, 테이블오더, 모바일오더, 배달 플랫폼 등으로 다양한 매출 채널이 생겨 가맹본부는 가맹점의 정확한 매출 파악이 어렵다. 때문에 포스, 키오스크 등의 VAN계열 매출과 배달 플랫폼(배달의 민족, 요기요, 쿠팡이츠 등)의 매출 정보와 주문 상품에 대한 데이터 수집이 매우 중요하다. 특별히 매출 기반의 로열티를 청구하는 가맹본부의 경우 매출 누락으로 인한 손실이 발생할 수 있으므로 최근 들어 매출 데이터의 통합은 성장하고 있는 가맹본부의 필수 조건 사항이다.

세 번째로 각 가맹점의 체크를 위한 QSCx 데이터이다. 가맹점의 상태를 객관적 지표로 평가하고 데이터로 저장하며 개선할 부분과 잘되고 있는 부분, 개선 결과에 따른 성과향상을 분석할 수 있는 지표가 된다.

네 번째로 LSM(Local Store Marketing)을 위한 멤버십 시스템이 필요하다. 수퍼바이저가 가맹점주에 QSCx 개선 독려를 하고 개선 독려를 위한 마케팅을 수행해 주는 것으로 함께 가맹점의 성과를 향상시킨다는 이미지를 각인시켜 줄 수 있기 때문이다. 단순히 말로

만 '개선하세요'가 아닌 가맹본부가 함께 노력하고 성과가 나는 것을 느끼게 하는 것만큼 효과적인 수퍼바이징은 없다. 이를 위해서는 해당 가맹점이 속한 상권의 고객에게 적극적인 DM(Direct Message)을 발송하고 실제 발권된 쿠폰의 회수 데이터를 축적하여 마케팅의 성과를 측정할 수 있어야 한다.

마지막으로 고객만족도 조사이다. 가맹점주와 가맹본부의 노력을 통해 문제의 개선이 실제로 이루어졌는지 매출을 통해 후행 평가를 할 수도 있지만, 해당 가맹점에 방문한 고객을 타겟팅하여 고객만족도를 조사하는 것이 정확하고 빠른 답을 준다. 특정 기간 QSCx의 미비 사항에 대한 개선활동 후 방문 고객 데이터를 기반으로 고객만족도 조사 DM을 보내어 해당 고객의 소리를 직접 청취하고 데이터로 수집한다. 뿐만 아니라 응답을 해준 고객의 재방문 유도를 위해 만족도 조사의 댓가로 쿠폰을 제공할 수 있어야 하며, 해당 쿠폰의 회수율에 대해 측정하여 방문하고 응답한 고객의 충성도가 얼마나 높아졌는지 측정해 나가야 한다.

상기 5가지 요소는 데이터 기반의 수퍼바이징을 실현하며 축적된 데이터는 상권, 지역, 고객 프로필, 점주 프로필 등의 데이터와 함께 또 다른 기회를 창출해 내는 디지털전환을 실현해 주며 실질적인 매출의 향상과 고객 충성도를 높이는 효과의 정량적 지표를 제공한다.

"넌 끝났어, 유아쿨"

장래희망, 나의 꿈은

초등학교 6학년 쯤이었을까. 어느 날 TV를 보고 있었다. 이제까지는 물건을 뚝딱뚝딱 분해하고 조립했었는데 컴퓨터 모니터 속 마네킹 같은 머리가 나와서 이야기를 하고 있었다. 그의 이름은 "맥스 헤드룸"! 우리나라에선 "컴퓨터 인간 맥스"로 방영되었다. 인공지능 '맥스'가 어린이들과 여러 가지 지금은 전혀 기억이 나지 않는 사건들을 해결하고 모험을 했던 것 같다. 사실 내겐 그 모험의 내용은 중요하지 않다. 컴퓨터, 소프트웨어 그리고 인공지능이 내 머릿 속에 아직까지 남아 있다.

그 때부터 나의 꿈은 프로그래머로 바뀌었다. 무엇인가 프로그래밍이라는 것을 전혀 알 수도 할 수도 없었지만, 꼭 되고 싶었다. 때마침 학교에서 컴퓨터 교실을 운영한다고 했다. 어머니께 말씀드려 컴퓨터 교실에 들어갈 수 있게 되었다. 아마도 나의 장래를 위해서겠지만 수많은 가전제품을 포기해 오셨던 어머니께서는 컴퓨터를 배우면 가전제품을 더이상 훼손시키지 않을 것 같아서인지 내게 컴퓨터 교실의 기회를 허락해 주셨다.

처음으로 만나는 컴퓨터. 당시는 8bit 금성전자에서 만든 FC-80이라는 모델과 대우전자에서 만든 IQ1000이라는 모델 2가지를 접할 수 있었다. 두 회사 모두 정말 옛날 이름이라는 생각이 드니 참 오래 전 일이구나. TV에서 본 것처럼 네모난 모니터와 키보드가 달린 본체가 있었다. 두근두근 뭐든 해낼 수 있을 것 같은 마음에 빨리 무엇인가를 배우고 싶었다. 컴퓨터를 켜고나니 '앗!' TV에서 본것과 다르게 검정 바탕에 초록색 네모만 깜빡이고 있는 게 아닌가. '아 맞다. TV에서도 저런 게 나오면 프로그래머가 뭔가를 현란하게 쳐댓었지' 나의 손가락은 본능적으로 움직여 댔다. 투다다다다닥~! 키보드들을 두들기고 가장 큰 버튼인 RETURN 버튼을 눌렀다. 컴퓨터는 내가 어떤 말을 치던 같은 말만 반복해 댔다. "Syntax error" 무슨 말일까.

당연한 말이지만 컴퓨터를 처음 접한 나는 아무 것도 알지 못했고 할 수 있는 것이라곤 ABCD 자판을 누르고 칸을 띄우고 줄을 바꾸는 것이 다였다. '아… 언제 나의 맥스를 만들 수 있단 말인가!'

당시엔 선생님들도 가르치는 것이 쉽지 않았던 것 같다. 프로젝터는 관두고 OHP(밝은 광원이 아래에서 비춰지면 투명한 비닐필름에 매직으로 글을써서 벽에 비춰줬던 그! OHP)도 없었던 시절이기에 칠판에 선생님께서 명령어를 써 주시면 공책에 받아적었다. "CLS

: 화면지우기" 이렇게. 지금 생각해보면 전달도 어려웠지만 선생님들의 이해도 많이 부족했던 것 같다. 언어의 문법은 대략 설명해 주시고 실제로는 길고 긴 프로그램을 칠판에 써 주시면 그것을 열심히 보고 타자를 쳐서 실행시키는 것이 전부였다. 기나긴 명령어들을 입력하고 실행하면 화면에 그림이 그려지거나 별표(*)로 피라밋이 만들어지는 것들이 대부분이었다. 하지만 마지막 시간즈음엔 폭탄피하기 게임을 해볼 수 있었으니 얼마나 좋았던가. 물론 그땐 보조저장장치나 하드디스크 같은 것이 없어서 컴퓨터를 끄면 모두 사라지는 시절이었지만 그래도 무엇인가 내 손으로 쳐넣은 의미 모를 명령어들이 서로 연결되고 동작하는 것은 정말로 잊혀지지 않는 짜릿한 경험이었다.

 6학년 컴퓨터 교실을 끝으로 컴퓨터랑은 한동안 이별해야 했다. 아직 한 집에 한 PC를 가질 만큼 그렇게 넉넉한 시절은 아니었으리라. 그렇게 컴퓨터를 떠나 중학교에 진학하여 수업에는 별 관심 없이 적당히 학교를 다녔다. 부모님께 컴퓨터를 사달라고 무척이나 졸라댔다. TV에 약간의 CG(computer graphic)라도 나오면 저거 컴퓨터로 한 것이라고 외쳐대며 미래를 위해 컴퓨터를 사는 것은 너무나도 중요한 투자라고 말씀드렸다. 그러던 어느 날 마침내 부모님께서 딜을 던져 주셨다. "만일 중3 올라가서 1등 하면 컴퓨터 사줄게." 가능성의 빛이 한 줄기 내려왔다. 사실 중학교 성적은 60여명 한 반에서 10~20등 사이 겨우겨우 시험을 봤던 처지인지라 너무나도 가

늘어 빠진 빛이었지만 없는 가능성은 아니었으니까.

1등을 못했으니 컴퓨터는 물 건너 갔지 싶었다. 하지만 넓은 마음의 부모님께서는 10위 권에서 3등을 한 내가 기특하셨던지 바로 컴퓨터를 사주셨다. 넉넉하지 않았던 시절인데 내겐 16비트 컴퓨터가 생겼고 그 때부터 나는 여느 10대와 같이 게임에 몰두하여 성적은 20위 권으로 밀려났다. 부모님의 걱정대로 난 그다지 공부에 관심을 갖지 않은 채 고등학교에 진학했다. 당시엔 연합고사라는 것으로 고등학교 진학을 했었는데 다행히 일반고에 들어갈 수 있었다.

고등학교엔 써클활동이 있었는데 그곳에 전산부가 있던 것이 아닌가! 전산부에선 GW-BASIC이라는 언어로 프로그래밍 하는 방법을 알려준다고 했다. 심지어 16비트 컴퓨터에 저장할 수있는 플로피 디스크(5.25인치)도 있었으니 무엇인가 만들고 저장해 둘 수 있는 시대가 왔던 것이다. 사실 고등학교 시절 써클은 활동자체보단 뭔가 군기 같은 것이 더 의미있던 시절이었나보다. 사실 선배들이 가르쳐 준 프로그래밍이 기초가 되고 기본이 되어 1학년 가을 학교 축제즈음엔 노래방 앱을 만들어서 출품을 했고, 2학년엔 학교 주변 철물점과 교복점 사장님들의 의뢰로 고객관리 프로그램을 만들어 납품하고 용돈을 벌었다. 그렇게 10대의 시절 기초적인 프로그래밍을 공부하고 대학에 진학하였다.

그 당시 입시는 컴퓨터공학이나 컴퓨터과학과가 가장 치열하고 인기가 많았다. 공부하는 것에 취미가 없던 나는 남들보다 1년을 더 해 어렵사리 전산통계학과에 입학했고 꿈에 그리던 컴퓨터에 대한 전반적인 지식을 배울 수 있었다. 생각보다 머리가 아프고 어려웠다. 프로그래밍 언어만 배우는 것이 아니라 논리와 자료구조, 수학과 원리를 배워나갔다. 생각했던 것과 달리 내가 하고 싶던 일들은 내가 즐기는 것들만으로 이루어지지 않았음을 알게 되었다. 프로그래밍 언어는 한 개의 도구일뿐 결국 문제를 분석하고 정의한 후 해결 할 수 있는 알고리즘을 고안해 내는 모든 과정이 앞으로 내가 익숙하게 해내야만 하는 것들이라는 것을 말이다.

그렇게 한 해 한 해 IMF 외환 위기와 시험과 공부와 연애와 동아리 활동을 하며 대학생활을 이어가던 중 세상이, 세계가 나를 부르는 것만 같은 사건이 발생하였다.

Y2K(Year 2000) 문제

1999년도가 되자 종말론들을 이야기해댔다. 여기저기 흥미로운 이야기들이었다. 하지만, 진짜 흥미로운 것들은 Y2K 문제였다. 대다수의 시스템이나 데이터, 전자기기들이 연도표기를 2자리로 해왔다는 것이다. 어떤 이는 발전소나 전기에 문제가 생겨 블랙아웃이 올 수 있다고도 하며 비행기가 오동작하여 추락할 수도 있다고 했다. 어마 무시한 일들이 일어날 것 같다고들 하지만 현업에서는 당장 고객정보가 꼬이거나 문제가 발생할 것들이 많았다. 윈도우즈 운영체제가 막 확산되던 시점. 아주 오래된 DOS시스템 기반의 프로그램들은 생년월일 중 년도를 2자리로 표현했다.

예를들어 1900년도에 태어난 할머니와 2000년도에 태어난 할머니가 같은 나이가 되어버리는 문제 같은 것들이다. 당장에 아버지가 운영하던 안경점의 고객관리 프로그램도 동일한 문제를 가지고 있었다. 'Y2K 문제를 해결하지 못한 수많은 프로그램들의 수요를 다 가져올 수 있겠구나!' 투자자가 필요했다 중 3때 구입한 16비트 PC를 가지고 있었지만 뭔가 들고 다닐 수 있는 노트북 한 대만 있으면 모든 문제를 해결 할 수 있을 것만 같았다. 나는 과거에도 투자를 아끼지 않으셨던 투자자이신 부모님께 말씀을 드렸다.

"노트북 한 대만 사주시면 제가 Y2K 문제를 해결해서 대단한 사업가가 되겠습니다! 자~! 먼저 아버지 가게의 프로그램은 무상으로 개발해 드리겠습니다!"

부모님은 많은 고민을 하지 않으셨다. 당장 고객관리 프로그램에 문제가 있는 Pain-Point를 가지고 계셨고 프로그램 구입비보다는 상대적으로 저렴한 노트북에 투자하는 것이 더 현명하다고 판단하셨으리라!

사실 1999년도는 많은 SI(System Integration) 기업들에겐 대목이었다. 기간망이나 금융망 등 다양한 시스템의 Y2K 문제를 해결하기 위해 대대적인 발주가 1998년도부터 나오고 있었기 때문이다. 하지만 작은 소상공인들의 프로그램은 지금도 영세한 소프트웨어 중소기업이 맡고 있었기 때문에 확실히 대응이 느렸다.

나는 부모님께서 투자해 주신 노트북을 들고 첫 고객인 부모님의 가게로 갔다.

나는 화면에 나타나는 기능들과 해당 기능의 데이터를 저장하는 데이터베이스 파일을 찾아냈다. 화면에 나오는 고객정보, 고객의 방문정보, 처방정보 등을 화면과 비교하며 데이터베이스 파일의 자료 구조를 밝혀 나갔다. 분석이 끝난 정보를 정리하고 윈도우즈 기반의 새로운 프로그램을 개발하기 시작했다.

기초를 잡고 분석해서 설계한 새로운 데이터베이스를 적용했다. 그리고 구버전 프로그램의 데이터들을 모두 새로운 데이터베이스로 이전시키는 프로그램을 별도로 제작했다. 결과는 대성공.

부모님의 가게 프로그램은 마우스라는 신문물과 윈도우즈를 지원하는 새로운 프로그램으로 재탄생되었다. 문제는 혼자 분석하고 정리하고 설계하고 구현하는 데에 꼬박 1개월이 넘게 걸렸다. 학교 생활을 하며 시간을 쓰는 것은 쉽지 않았다. 더 큰 문제는 프로그램을 오픈해 주고나면 모든 것이 끝나고 사업의 확장만 남을 줄 알았던 생각은 혼자만의 로망일 뿐이었다.

아버지 가게의 직원들과 아버지는 새로운 윈도우즈 기반의 프로그램의 사용성에 대해 많은 불편함을 호소했고 만들 땐 찾지 못했던 다양한 버그들을 리포트하기 시작했다. 지속적으로 수정하고 대응하긴 했으나 학교생활을 병행하기엔 만만치 않았다.

    대략 쓸만한 프로그램이 된 후 나는 두 번째 프로젝트를 진행할 엄두를 내지 못했다. 어쩌면 실리콘 밸리의 유명한 분들처럼 이 타이밍에 대학을 그만두고 창업을 선택했다는 멋진 스토리가 나올 뻔도 했는데 나는 그렇지 않았다. 생산성과 수익성이 학교를 그만둘 만큼 좋아보이지 않기도 했지만 무엇보다 1999년도는 매우 짧았고 순식간에 지나버렸기 때문에 내가 더 많은 프로젝트를 진행하는 것은 현실적으로 불가능했다.

    그렇게 시간이 지나고 2000년도가 되었다. 닷컴시대에 벤처들의 수많은 성공사례와 CEO들과 멋진 모습들이 연일 보도되었다. "이래뵈도 내가 고등학교 때에도 프로그램을 만들어 팔았던 사람인데 가만히 있기엔 너무나 아깝지 않은가. 대박의 대열에 어서 들어서야 하지 않겠는가." 어릴 땐 참 용감했던가. 사실 지금도 별반 다르지는 않다. 나에겐 시장과 시대와 문제가 보이고 그 문제를 해결할 수 있는 시스템적 해법을 가지고 있는 경우가 많다. 안하기에는 너무나 아깝지 않은가. 나는 행운의 사람이니까.

넌 끝내줘, 유아쿨

2001년 3월 27일 나름은 원대하고 뭔가 잘될 것 같은 순수해 보이는 명분으로 '유아쿨'이라는 이름으로 첫 번째 회사를 창업했다. '유아쿨'하면 왠지 유아들의 놀이터 이런 느낌이지만 당시 나는 'You Are Cool!, 넌 끝내줘'라는 의미로 이름을 지었다.

회사 이름에 걸맞게 의외로 고루하고 범생이적인 나의 이미지를 변화시키기 위해 큰 결단을 했다.

완벽한 비즈니스를 위해 미용실에서 머리를 갈색으로 염색하고 당시 최고 멋쟁이들만 한다는 브릿지도 넣었다. 나의 첫 창업 회사인 '넌 끝내줘, 유아쿨'은 성별과 체형, 피부색, 눈, 코, 입, 머리카락, 옷과 악세사리, 멋드러진 배경을 설정하고 저장하면 한 장의 이미지로 만들어주는 서비스와 더불어 그 아바타 이미지를 인터넷 안에서 어디든 붙여 넣을 수 있는 - 당시 아바타 서비스를 운영하고 있는 다른 사이트 '싸O월드'에도 가능했다! - 앱도 만들었다. 어디에나 붙여 넣을 수 있는 아바타를 나의 분신, 제2의 자아라는 컨셉에 맞추어 명품 브랜드를 입혀 볼 수 있도록하고 아이템으로 판매하면 대박 날 것이 분명했다.

갈색으로 머리를 염색하고 브릿지 포인트의 머리칼을 흩날리며 대박 벤처 CEO로 인터뷰하는 상상을 해본다. "오~ 유아쿨~!" 기대하는 마음으로 홈페이지를 개설하고 아바타 떼어다 붙이기 앱까지

공개했다. 그리고 명품 회사들에 우리의 서비스를 소개하고 입점의 기회를 주겠다는 멋드러진 4페이지짜리 브로셔를 만들어 우편으로 배포까지 했다. 이제 내게 남은 것은 대박 벤처 CEO가 되어 이 세계에 데뷔하는 것뿐이었다.

　이튿 날 기대하는 마음으로 관리자에 접속했다. 당시 뉴스나 커뮤니티에는 자고일어나면 통장에 엄청난 돈이 입금되어 있어 순식간에 부자가 된다는 얘기들이 많이 돌고 있었다. "오~ 유아쿨~" 몇 명이나 우리에게 돈을 지불했을까? 생각과는 다르게 너댓명의 가입자가 새로 가입했을 뿐이었다. "그래. 이제 시작이니까"하지만, 시간이 지나도 고객 수와 결제 건수는 폭발적으로 증가하지 않았다.

　때마침 D모 통신사의 영업팀에서 연락을 받았다. 미팅을 하고 "당신은 아직 학생이니 이 서비스 팔고 공부할 생각은 없나요? 1억을 드리겠습니다." 나는 단칼에 거절하였다. 이 아이템은 연간 50억 원 이상의 대박 아이템이니 1억에 바꿀 수 없지 않은가! 사실 나중엔 생각했다. 그 때 당시 1억이면 상당히 큰 돈이었고 그 돈으로 다른 사업하면 되는데 말이다.

　나는 계속 생각했다. 무엇이 문제일까. 서비스의 문제인가 좀더 예쁜 캐릭터가 필요할까. 시간이 지나며 음성녹음 회사에서 휴대폰 음성메시지 선물과 우리 아바타를 함께 붙여 만들자는 제안을 받았다. 서비스의 문제인지 고민하던차에 좋은 돌파구가 될 것 같아 선뜻 승락했다. 또 다시 개발비를 들여 이번에는 우리 아바타의 이미지와 문자메시지 그리고 녹음된 음성파일을 휴대폰으로 전송하여 선물하는 서비스를 오픈하였다. 최신 유행의 휴대폰을 대상으로 하는 서비스이니 이번에는 더 나은 성과를 만들 것이라 기대했다. 하지만 결과는 별반 다르지 않았다.

1년도 안되어 나는 아바타 사업을 포기하고 바로 이어서 나는 다음 아이템을 진행했다.

2002년 나는 쇼핑몰 임대 솔루션을 만들었다. 기존과 다르게 쇼핑몰 솔루션만 임대하는 것이 아니라 누구나 쇼핑몰 사업을 쉽게 할 수 있도록 판매할 수 있는 제품과 배송대행까지 겸해서 함께 임대되는 솔루션이었다. 제품으로 계약된 것들은 PC 및 주변기기, 가전제품, 애완동물 용품, 유아용품, 휴대폰 판매였다. 이번에는 포털사이트에 광고를 걸었고 이전보다 조회 수가 높게 나왔다.

당시 솔루션의 수익모델은 초기 계약시 50만원을 지불하고 이후 사용료 없이 물건만 판매하면 되는 서비스를 구축했다. 50만원 받아 사이트 열어주고 매월 판매 제품의 수수료 수입을 받으면 우리 수익이 자동으로 늘어날 것이라는 계산에서였다. 한 개의 사이트 고객이 생겼다.

주차장을 하시는 사장님이었다. "이렇게 앉아 주차장에서 나이만 먹을 수 없어서 새로운 사업에 투자했습니다"라고 말씀하셨다. 흔쾌히 사장님의 사이트를 오픈해 드리고 기대하는 마음으로 다시 대박을 꿈꿨다. 하지만 이미 1년반 이상의 시간 동안 이렇다할 매출 없이 3명의 직원과 사업을 운영하고 있었다.

  직장경력이 전혀 없었던 나에게는 은행이나 기술보증기금에서 자금을 조달하는 것이 매우 어려웠다. 지금 보면 그 정도 구현된 기술이 있었다면 기보에서 1억 정도는 쉽게 보증 받았을 것인데, 당시엔 이제 막 학부를 졸업한 학생에게 돈을 후하게 빌려주지는 않았다. 최근 10년 전부터는 청년 특례로 4년제를 졸업한 청년들에게는 최소 3천만원 ~ 1억원 사이까지는 보증을 해주고 있는 추세이다.

  당시 큰 맘먹고 지불했던 포털 키워드 광고는 금새 내려갔고 이후 트래픽은 현저히 줄었으며 우리가 임대드린 사장님의 사이트는 매출이 나지 않았다. 지금 보면 그분도 나랑 같은 생각이셨던 것 같다. '쇼핑몰을 만들어 놓으면 사람들이 와서 알아서 구매하겠지.' 당시에 나는 고전게임 '심시티' – 도시를 만들면 사람들이 모여들어 활동을 하며 성장하는 경제, 경영 시뮬레이션 게임 – 처럼 홈페이지를 오픈하면 사람들이 알아서 서비스를 이용하고 알아서 돈을 지불하는 줄 알았다. 어딘가 제휴를 하거나 관련 커뮤니티에 홍보를 하는 등 마케팅 행위를 하거나라는 생각은 단 한 번도하지 못하였다.

한 걸음만 더,
목까지 차오르는 깊은 수렁

자금을 융통하지 못했던 나는 카드론과 카드깡으로 직원들의 월급을 대고 결국 흔히 말하는 돌려막기의 한계에 부딪혔다. 급여를 줄 수 없었던 나는 직원들을 모두 내보내고 혼자 남았다. 나의 쇼핑몰 임대 솔루션은 더이상 누군가 찾아와 구매하지 않았다. 매일 아침 눈을 뜨면 아름다운 목소리의 여자 분이 나를 깨워 주셨다. "고객님, OO카드인데요." 결제하지 못한 카드 값을 결제하라는 독촉 전화였다.

휴대폰 요금을 내지 못해서 내 전화기로는 더이상 다른 사람에게 전화를 걸 수 없었다. 아침부터 해질 때까지 계속 카드 빚 독촉 전화에 시달렸다. 하루도 한시도 편하게 살 수 없었다. 한 걸음만 더, 한 걸음만 더 어느 덧 나는 깊은 수렁까지 한 걸음씩 깊이 깊이 나아가고 있었던 것이다.

이제 목까지 차오른 수렁에서는 움직일 수 없었으며 숨쉬기조차 힘겨웠다. 뭐가 잘못된 것인가. 사업을 한다고 아무리 바빠도 교회도 열심히 나가고 선교단체 활동도 빼먹지 않았는데 사업을 잘해서 돈을 벌면 선교센터를 지어서 좋은 일도 많이 한다고 결단했는데. 주변 사람들이 말한다. 특히 신앙생활을 하지 않던 부모님께서 말씀하셨다. "신이 있다면 너처럼 열심히 생활한 애가 그렇게 고생하는 것이 말이 되느냐." 그 말씀에 분노가 치밀었다. 내가 믿는 하나님을 욕하시다니!

하지만 이내 나도 생각이 들었다. '그래 하나님이 계시다면 정말 내가 이렇게까지 힘들어도 되는 거야? 잠도 안자가며 열심히 노력했는데!' 다음 날 아침 여느 날의 일상처럼 아름다운 목소리의 여자분이 나를 깨워주셨고, 나는 중학교 3학년부터 가지게 되었던 신앙을 내려놓기로 결정했다. '그래 오늘부터 하나님은 없다.'

그렇게 시작된 그날 아침 기분 좋은 일은 당연히 없고 카드 독촉 전화만 계속왔다. 삶이 우울했다.

그동안 생각했던 일들을 돌아본다. 이를테면 걷다가 신호등이 제때 바뀌면 감사하고, 비가 오는 날 우산을 챙겨가지 못했는데 마침 내가 나갈 때 비가 그칠 때에도 돌보아 주심에 감사했다. 하지만 그날은 달랐다. 신호등이 제때 바뀌어도, 내가 우산을 가지고 있지 않은 비오는 날 마침 비가 그쳐도, 밥을 먹든 무엇을 먹든 어차피 모든 행운이나 불운이 하나님이라는 존재가 없어도 놀랍게도 모두 한 개의 단어로 설명이 가능했던 것이다. 바로 '우연'. 그렇다. 이 모든 세상에서 내가 신이라는 존재에 감사하며 살았던 그 모든 것들은 바로 '우연'이라는 말로 설명이 된다. 잘못 알고 살았던 것이다. 내 삶은 모두 우연이니까.

하루 종일 '우연'이라는 단어의 진리를 깨달으며 살았다. '우연'.

우울한 마음으로 샤워를 했다. 그 우울한 마음이 조금이라도 씻겨지길 바라는 듯 얼마나 시간이 지났는지도 모르게 샤워기 아래 서 있었다. 우연. 그간 내가 생각하고 알았던 것들이 모두 우연이라니. 허탈했다. 고등학교 내내 신앙생활을 하고 대학와서 선교단체까지 하며 우연을 필연이라 떠들며 다른 사람에게 전도를 했다니. 어리석었다. 그 모든 것들은 우연이었던 것을. 내가 실패한 것도, 지금 이 자리에 눈물을 씻으며 샤워기에서 떨어지는 물을 맞는 것도. 대학에 가게 된 것도 고등학교에서 컴퓨터를 배웠던 것도. 사랑을 하고 부모님을 만나고 이제까지 살아왔고 태어난 그 순간의 모든 것들이 다 우연이었던 것을.

'우연' 과연 모든 것을 설명할 수 있었지만 결국 모든 것의 의미가 없다는 뜻이었다.

과연 내 삶은 우연 속에서 의미없이 연결되어져 가는 것일까. 그렇다면 앞으로 노력하고 살아야 하는 것은 무슨 의미가 있을까. 그 순간 마음 속에서 울림이 일어났다.

태어나기부터 죽을 때까지 나의 삶이 모두 우연히 지나치는 것보다 하나님께서 매순간 함께하시고 그분의 계획 가운데 내가 한 순간 한 순간 살아가는 것이 더 행복하다는 것을 마음 속 깊은 곳에서부터 깨닫게 되었다. 'I can't live a day without you, Lord' 노래의 가사가 떠올랐다. '단 하루도, 단 한순간도 당신 없이 살아갈 수 없습니다'

샤워기 물을 맞으며 벌거벗은 채 그 자리에서 맨 바닥에 무릎꿇고 나의 욕심과 교만함과 거짓말에 대해 뉘우쳤다.

"한 걸음만 더 가면 될 것 같았는데 지금의 상황은 제가 저지른 일이지만 저는 더이상 감당할 수 없습니다. 하지만 잘못을 깨닫고 구합니다. 용서해 주세요."

의도하지는 않았는데 샤워중이라 진짜로 벌거벗은 채로 기도를 했다.

"선교센터는 커녕 지금 내 스스로 앞가림조차 할 수 없는 상태입니다."

눈물을 쏟으며 샤워기 물을 맞으며 죄송하기도 하고 부끄럽기도 하고 그러면서 마음의 우울감이 사라졌다. 하나님께서는 회개하는 자에게 용서를 허락하신다. 기도를 마치고 샤워도 마치고 욕실을 나오던 그날 밤 나의 삶은 들어가기 이전과는 정반대의 상태가 되어 나왔다. "나의 하나님은 살아계신다."

그날 깨달았다. '지금하지 않는 일은 나중에도 하지않을 일이다.' 지금 사회를 위해 아무것도 하지 않는 내 자신이 돈을 많이 벌었을 때 그 일을 할 수 있을까. 얼마나 벌면 많이 버는 것일까. 돈을 많이 벌어 선교센터를 지은 다음 사회에 기여한다는 것은 거짓말이었다. 그날부터 NGO 단체 1개를 선정하여 매월 1만원의 정기후원을 시작했다. 지금은 5개 단체, 두 명 아이들의 결연 후원, 2개 국가의 현장 사역을 후원하고 있다.

모처럼 단잠을 자고 깨어난 아침, 전날보다 왠지 맑고 밝은 청명한 아침이었다. 전화벨이 경쾌하게 울려댔다. 여느 때처럼 아름다운 여자분 목소리였다. "고객님, OO 카드인데요." 전날 감동이 있었고 이전과 다른 상태로 욕실을 나왔지만 나의 경제적 상황에 변화는 없었다. 가지고 있던 빚이 모두 사라지진 않았으니까. 하지만 마음의 결정이 얼마나 중요한 것일까. 그날 아침은 정말 맑고 밝은 청명한 날이었다.

채권 추심 전화를 받아가며 그날의 할일을 정리하고 있었다. 나의 상황은 크게 바뀌지 않았지만 마음이 무겁지 않았다. 이윽고 전화가 울렸다. "전에 연락드렸던 OOO 회사인데요." 예전에 제안서만 들어갔다가 연락이 끊겼던 클라이언트의 전화였다. 그 클라이언트는 펜션 단지를 건축하기도 하고 시설을 운영하기도 하는 회사였다. 우리에게 제안 요청을 했던 것은 자사 펜션 및 제휴 펜션의 관리 및 예약 시스템 전체를 구축하는 것이었다. 이들은 우리 제안이 좋아서 선정하게 되었고 바로 계약 단계로 업무진행을 원한다는 내용의 통화를 하였다.

"아… 감사합니다."

이 프로젝트의 계약으로 난 실제로 대부분의 빚을 정리할 수 있었고 다시 다른 사람에게 전화를 걸 수 있는 전화기를 가질 수 있게 되었다. 또한 이 프로젝트의 시작으로 서비스 사업은 멈추게 되었지만, 다양한 업종의 업무분석 컨설팅과 외주 개발 사업을 시작하게 되었다.

  2001년부터 3년 반 동안 '넌 끝내줘, 유아쿨'은 이름과 관계 없이 그렇게 컨설팅을 통한 외주 개발사로 변화하여 큰 돈을 벌지는 못하였으나 나름의 명목을 유지하다가 폐업하게되었다. 3년 반. 다른 기업의 업무를 분석하고 그 일을 동작하는 소프트웨어로 현실화한다는 것은 상당히 많은 시간과 에너지를 써야하는 일이었다. 나는 건강한 대한민국 남자였으므로 국방의 의무를 다해야만 했고 '넌 끝내줘, 유아쿨'은 2004년 9월 '넌 끝났어, 유아쿨'이 되었다. 이후 2004년 10월부터 약 5년 간 전문연구요원으로 중소기업 부설 연구소의 탈을 쓴 개발팀에서 근무하게 되었다.

메타 트렌드를 찾아서

시간의 상대성 법칙

입사했던 회사는 대부분 들어본 이름의 공공기관과 중견기업, 대기업 등에 콜센터, 녹취, 팩스, 예약시스템 등 여러 가지 솔루션을 제공하는 곳이었다. 왠만한 규모의 건물에 들어가면 작은 것이라도 이 회사의 제품이 들어가 있을 정도였다. 이전에 내가 영업하고 만나왔던 중소기업들과는 확실히 다른 규모의 회사들이었고, 그들의 업무처리 방식, 내부 시스템의 동작과 구성, Needs와 Pain-Point가 무엇인지 배울 수 있었다. 3년 넘게 사업을 하며 가지게 된 영업 마인드와 요구사항 분석, 컨설팅, 설계를 했던 경험들이 기획자가 없던 당시 조직에서는 큰 강점으로 작용하였고, 군 복무 대신했던 연구원 생활은 회사 대표자와 임원들에게 인정을 받아 목소리도 내며 편하게 지낼 수 있었다.

입사 후 1년 동안 시간의 흐름은 매우 더디기만했다. 언제 5년이 지나 다시 사업을 시작할 수 있을지 끝이 보이지 않았다. 하지만 시간이 지나며 급여생활자의 삶에 익숙해 졌고, 매월 받는 월급으로 경제적 안정을 찾아 결혼도 할 수 있었다. 처음 3년 동안 거의 매일 야근을 하며 당시 트렌드에 맞추어 회사 제품군 전체를 웹기반으로 새로 만들었고, 나머지 2년은 개발된 제품에 대한 간단한 고도화와 고객사의 다양한 프로젝트를 진행하며 시간이 흘렀다. 익숙해진 삶은 나의 운동 상태를 변화시켰고 신비롭게도 매월 월급 날은 늦게 왔지만, 5년의 시간은 순식간에 지나버렸다. 2009년 8월 31일 마침내 5년 병역의 의무를 마치고 실업자가 되었다.

퇴사 후 기도하며 두달여 동안 고민하여 회사의 이름과 미션을 정하게 되었다.

'DGMIT, Donation & Gathering can Make IT' '기부와 수확을 통해 꿈을 성취하는 기업'

이번에는 돈을 많이 벌면 선교센터를 만들겠다는 큰 꿈을 꾸지는 않았다. 그저 '천명을 고용하고 천명을 후원하는 기업'을 나의 사명이자 소박한 꿈으로 삼게 되었다. '지금하지 않는 일은 나중에도 하지않을 일이다.' 이번엔 실수하지 않기 위해 나 자신 뿐만 아니라 회사에 직원이 들어오면 직원 1인당 1명의 아동 결연 후원을 하도록 회사에 제도를 도입했다. 그렇게 2009년 11월 10일 '디지엠정보기술' (DGMIT)을 설립하였다.

호모 스마트포니쿠스의 시대

'호모 스마트포니쿠스'(Homo Smartphonicus)는 스마트폰과 같은 기기와 서비스를 주도적으로 사용하며 자신의 일과 삶의 영역을 변화시켜 나가는 신인류를 뜻하는 말이다. 2009년 6월 19일 스티브잡스가 납득할 만한 가격으로 아이폰3GS를 발표하자 전 세계는 스마트폰 광풍에 휩쌓이기 시작했다. 현재까지도 스마트폰은 우리 사회 전반의 영역과 문화와 세대와 인식에 지대한 영향을 미치고 있으며 이 시대의 인류를 '호모 스마트포니쿠스'라고 부르기에 과하지 않다는 것을 모두 동의할 것이다.

DGMIT는 다양한 기업의 요구사항을 분석하고 컨설팅하며 고객이 원하는 솔루션을 직접 개발하여 운영하는 일들로 사업을 시작하였다. 하지만 유행처럼 끝날 줄 알았던 스마트폰의 광풍은 쉽게 잦아들지 않았고 비슷한 시기에 설립을 한 기업들 중 스마트폰용 앱을 만드는 곳들은 외주 개발로 많은 성과를 기록하고 있었다. 시작부터 트렌드에 뒤쳐진 것만 같은 아쉬움에 기회를 보던 중 2010년 커넥티드TV라는 개념이 2011년 스마트TV라는 이름으로 본격적인 마케팅에 들어갔다. 마침 2011년 스마트TV 앱 개발 공모전이 있었는데 우리는 기회를 놓치지 않고 스마트폰과 스마트TV를 연동한 앱을 개발하였다. 이름하여 '에어다트'(Airdart). 스마트폰이 다트가 되고 스마트TV가 다트판이 되는 개념이다. 그렇다고 스마트폰을 정말 던지는 것은 아니었고 스마트폰을 잡고 TV를 향해 조준하고 던지는 제스처를 취하면 폰 안에 있던 다트 이미지가 TV로 날아들어가 꽂히도록 만들었다. 결과는 대성공. '제1회 스마트홈 아이디어 공모전 스마트TV앱 경진대회'는 만장일치로 우리 회사를 대상으로 뽑아주었고 '대상 지식경제부장관상'을 수상하며 우리는 스마트TV 시장에 뛰어들게 되었다.

대상으로 뽑힌 이유는 시제품에 가까운 스마트TV에서 실제로 앱이 동작하는 팀은 우리팀이 유일하기도 했지만, 스마트TV와 스마트폰이 실시간으로 연동되어 제어되는 기술은 대표기업이었던 삼성전자나 엘지전자 양사 모두 2012년도 즉 공모전의 다음 년도에 계획된 일이었던 것이다.

가전사는 모두 자신들이 제공하지 않는 기술을 먼저 구현한 우리가 어떻게 그 기술을 만들었는지 궁금해 했고 2012년부터 우리는 스마트폰과 스마트TV가 직접 통신하는 원천기술을 보유하여 2016년까지 4개의 장관상(대상)과 5개의 기관장상(최우수상)을 수상하며 업계 기술 1위 기업의 지위에 오르게 되었다. 이때 삼성전자, 엘지전자의 스마트TV와 스마트폰 융합 기술과 관련된 일을 하며 국내 IPTV 3사에 앱을 공급하고 케이블TV MSO 5개사의 공용 앱 스토어 운영 대행 및 앱 수급사업을 진행하였다.

대기업 가전사와 일을 하며 미국 CES, 독일 IFA, 스페인 MWC 전시에 가전사의 초청을 받아 우리 앱을 전시하고 소개하게 되었으며 두바이, 싱가폴, 홍콩, 대만, 상해, 북경, 인도네시아 등 스마트TV가 팔릴 만한 나라에 방문해 우리 앱과 서비스를 소개했다.

그 당시 시장을 스마트미디어 분야라고 정의했으며 우리는 스마트미디어 분야에서 기술로는 최고 수준의 인지도를 쌓았다. 여러 세미나에 불려가서 강연을 하였으며, 다양한 공모전이나 기술 기여에 따른 표창을 수상한 것 뿐만 아니라 가전사와 셋탑박스 개발사의 연구 중인 TV세트를 먼저 제공받아 사용하며 기술을 개발할 수 있었고, 한국정보통신기술협회, 한국디지털케이블연구원에서 스마트TV와 스마트셋탑박스의 기술표준화, 그 중에서도 스마트TV와의 연동 규격과 HTML5 기반의 표준 TV를 만드는 것에 다양한 기여를 했다. 스마트TV와 스마트폰에 대한 인터뷰를 하면 그날 밤 9시 뉴스에 내가 한 인터뷰와 내용이 마치 표준인 것처럼 보도되곤 하였다.

영원한 것은 역시 없던 것일까, 스마트TV의 시대는 5년을 못채우고 막을 내렸다. 스마트폰과 달리 스마트TV 앱시장은 쉽게 성장하지 못했으며 여러가지 아이디어를 많은 기업들이 적용해 보았음에도 TV는 넷플릭스와 같은 OTT(Over The Top)만 남게 되어 결국 시청용 기기라는 인식을 벗어날 수 없게 되었다. 결국 강남 삼성동에 번듯한 빌딩 한 층을 모두 쓰고 주변 카페가 우리 직원들 때문에 알바를 추가로 고용해야 했었던 그런 회사였지만 한 시대의 흐름을 읽지 못하고 그렇게 저무는 회사가 되었다.

시장은 다양한 트렌드로 해석할 수 있다. 꾸준하고 길게 우리 삶에 영향을 미치는 '메타 트렌드', 드물게 나타나지만 엄청난 영향력을 끼치며 삶을 변화시키는 '메가 트렌드', 대 유행이 될 줄 알았는데 1년 미만으로 반짝하는 '패드 트렌드'. 스마트폰의 경우 '메가 트렌드'라고 할 수 있다. 이제까지 우리 삶과 문화, 산업 전반에 영향을 끼치고 있다. 하지만 스마트TV는 '마이크로 트렌드'로 일부 사람들에게 영향을 주는 수준으로 대기업의 마케팅으로 유지되는 시장으로 스마트폰처럼 메가 트렌드가 되지 못했다.

  기술과 비전으로 최고를 인정받았지만 결국 신기하고 놀라운 기술과 반짝반짝한 앱들은 돈을 버는 것에 한계를 가지고 있었다. 사업을 할 때 내 아이템이 메가 트렌드인지 마이크로 트렌드인지 패드 트렌드인지 구분할 필요가 있다. 내 아이템이 누군가의 고통, 그 중에서도 많은 사람들이 지속적으로 혹은 반복적으로 느낄 수 있는 고통을 해결해 주는 '진통제' 역할을 한 다면 그것은 최소 사람들의 삶에 지속적으로 영향을 주는 메타 트렌드로 볼 수 있다. 이 경우 내 아이템이 망할 가능성은 거의 없다. 만일 이 진통제가 폭발적인 영향을 미치는 아이템이라면 메가 트렌드가 될 것이고 엄청난 부를 소유할 가능성이 높아진다. 반면, 기업들이 지속적인 마케팅만으로 고객에게 접근하고 사람들이 신기하게 바라보며 체험을 하는 것들 – 오늘 날 VR 체험장 같은 '비타민' 같은 것들 – 은 대게 패드 트렌드에 그칠 가능성이 높다. 신기한 것은 처음 한 두번이기 때문이며 고객의 삶에 영향을 주지 않기 때문이다.

나는 중국집 자장면처럼 특별하고 새롭지 않지만 꾸준히 먹는 그런 음식 같은 메타 트렌드에 해당하는 사업을 하고 싶었다. 파트너십을 가지고 있던 가전사들은 다음 아이템은 웨어러블과 VR이라고 지속적인 노티를 주었지만 힘들게 아이디어를 내고 콘텐츠와 기술을 개발해도 결국 3년에서 최대 5년 이내 대기업의 마케팅 예산이 끝나는 날 나 또한 다른 사업을 해야 한다는 것을 깨달았기에 더이상 그 길을 따라가지 않기로 결심했다.

구독형 멤버십과 프랜차이즈

DGMIT를 설립하고 첫 고객은 대기업 직원들을 대상으로 하는 복지 멤버십 서비스를 운영하는 아주 작은 기업이었다. 기업이라기엔 대표와 실장 2명밖에 없었다. 하지만 그 기업은 대기업 인사팀과 제휴하여 해당 기업의 복지 포인트를 자신들이 운영하는 서비스에서 이용할 수 있는 형태의 비즈니스 모델을 만들었다.

기업은 직원들 숫자만큼 이 회사에 돈을 주고 해당 기업의 직원들은 이 기업에서 제휴해둔 헬스장, 수영장, 골프장, 극장, 카페 등의 시설을 월 정해진 횟수 만큼 매우 저렴하게 이용할 수 있는 형태의 서비스였다. 우리 모두 잘 알다싶이 헬스장 수익모델은 등록해 놓고 안 오는 고객들이다.

이 회사는 거의 10분의 1가격, 예를 들어 월 3만원에 헬스장 30회를 갈 수 있는 멤버십을 제공했다. 말도 안되는 저렴한 가격 같지만 등록해 놓고 안가는 고객들이 많은 스포츠센터의 특징을 이해하면 충분히 가능한 사업이다. 2022년 결산기준 이 기업의 매출은 연 230억 가량이며 연간 영업이익 약 14억의 매우 건실한 B2B 복지 멤버십 기준 1위 기업으로 성장하였다.

우리 회사는 매우 복잡한 월 구독 서비스 그리고 상품과 서비스 구성을 제공하는 시스템을 홈페이지, 모바일 앱, 스포츠센터용 앱 등 전반의 기획, 설계, 디자인, 개발, 운영 등 솔루션 프로바이더로서 IT 부서 전체의 토털 아웃소싱을 담당했다. 회사를 설립하고 무려 5년 동안 해당 기업의 서비스를 지속해서 관리하며 고도화를 진행했고 나중엔 그 기업이 너무 커지고 요구사항이 많아져서 직접 면접을 보고 개발 팀장과 팀원들을 채용했고 내부 전산팀을 운용할 수 있도록 지원해 주었다.

스마트미디어 비즈니스가 종료된 후 우리는 멤버십 시스템을 운영했던 경험을 토대로 카페 멤버십 O2O(Online to Offline) 서비스 '카페블렌드'를 개발했다. 헬스처럼 매월 일정 금액을 결제하면 회원의 멤버십 등급에 따라 주변 카페에서 저렴한 가격으로 커피 등의 음료와 서비스를 이용할 수 있는 구조를 만들었다. '카페블렌드'는 카페 점주에게 고정 고객과 수익을 만들어 주었으며 빠른 모바일 오더를 통해 러시 타임, 주로 아침 8~9시, 점심 12~13시의 고객 주문시간 및 대기시간을 20%이상 줄여주었다. '카페블렌드'는 헬스장과는 다른 수익모델이 필요했다. 헬스장은 사람들이 잘 안가는 것으로 수익모델을 만들 수 있지만 커피는 하루에 두 번도 먹기 때문에 사용하지 않아 발생하는 낙전수입은 기대할 수 없었다. 때문에 빠른 이용과 주문에 초점을 맞춰 실험하고 결국 주문 횟수와 매출 증가를 통한 수익모델을 서비스 안에 녹여내어 월 12.5%의 이익구조를 실현했다.

  2018년 11월 카페 멤버십 서비스를 운영하고 있는 중 당시 800개 가맹점을 가지고 있던 C커피프랜차이즈 가맹본부에서 자사 솔루션을 운영과 추가 개발을 위해 솔루션 프로바이더를 요청하였다. 기술 제공 기업이면서 카페 대상 멤버십 서비스를 운영하던 우리에게는 맞춤형 고객이었다.

  해당 기업은 이미 13억원 정도를 투자하여 멤버십앱과 스마트 밴딩 머신(자동판매기)을 만들어 무인 카페를 시작하는 단계에 있었다. 기존에 만들어져있던 두개 시스템의 관리 서비스는 매우 많은 기능을 제공했지만 업무의 연장성이나 통합 연계성이 매우 부족했고 우리는 해당 기업의 시스템을 분석하여 접근성이 높아지도록 멤버십앱을 새로 제작하고 외부에 비용을 주고 사용 중이던 선불카드 시스템을 내재화 하여 월 사용 비용을 절감시켜줬다.

함께 만드는 조직문화백서

세 사람의 법칙

　회사원 A가 근처 쉼터에 나와 짜증나는 표정으로 커피를 마시며 담배를 피우고 있다. 같은 회사를 다니는 또 다른 회사원 B는 담배를 들고 먼저 나와 있던 짜증이 가득한 A에게 가서 말을 건다.

　B : "무슨 생각하는데 그러는 거야?"
　A는 인상을 쓰며 대답한다.
　A : "아 글쎄 팀장님이 내일까지 하라는 일 말이야. 그거 할 수 없는 일 아니야?"
　B는 강하게 맞장구치며 A에게 대답한다.
　B : "맞지? 나도 그렇게 생각하고 있었어."
　이어서 같은 회사에 다니는 C가 나와 A와 B 두 사람의 대화에 참여하며 이렇게 질문한다.

C : "무슨 얘기들 하는 거야?"

A : "봐바 오늘 팀장님이 내일까지 하라는 일 말이야. 그거 할 수 없는 일이라고 얘기하고 있었어. 넌 어떻게 생각해?"

C : "나도 그렇게 생각해 나만 그런 거 아니었지?"

위 예문의 상황은 한 조직의 세 사람의 구성원에게 팀장이 한 지시에 대한 대화의 가정 사례이다.

대화를 보면 이 세 사람에게 지시를 내린 팀장은 뭔가 상식적이지 않고 무리한 요구를 한 것으로 보인다. 왜 그럴까. 나는 이 문제를 '세 사람의 법칙'으로 이름 지었다.

사람은 자기가 고민하는 생각에 대해 동조자를 찾는다. 단 한 사람이라도 동의한다면 자신의 생각에 대해 거의 확신하게 된다. 그리고 또 한 사람 즉 두 사람의 동의가 더 있어 총 세 사람이 모여 같은 생각을 한다면 그 생각은 '진리'라고 결론내리기 쉽다.

문제는 무엇일까. 기업에서 발생하는 많은 경우의 문제는 역량의 차이이다. 역량이 부족하고 시야가 좁은 세 사람이 모여있는 경우 위의 대화는 그들에게 '부정적 진리'가 된다. 사실상 모여있는 사람들의 역량이 비슷하기 때문에 동일한 결론에 이를 수 밖에 없는 것이다.

초기 기업은 넉넉하지 않은 자본과 낮은 브랜드 밸류로 역량 높은 인재를 영입하기 어렵다. 대표자 자신의 역량이 모든 것을 커버하기 어려울수록 이 문제는 더욱 심화되어가며, 인원이 늘어 갈수록 없었던 문제가 발생하는 것도 이 문제와 무관하지 않다.

위의 대화 도중 B나 C가 역량이 높은 사람이었다고 가정해보자. 분명 위의 분위기는 달라졌을 것이다. 역량이 높은 한 사람이 두 사람에게 다른 사례와 가능성을 설명할 것이고 설명을 듣고난 사람들은 불가능한 일이 아니라 역량의 성장이 필요하다는 것을 이해하게 될 것이다. 때문에 상기 대화는 '부정적 진리'로 결론지어지지 않을 것이고 실제로 주변에 역량 높은 이들이 해당 목표를 달성하는 것을 보며 자신의 역량을 키우기 위한 동기부여가 될 것이다. 때문에 좋은 기업은 성장하는 인재들이 모여들어 스스로 경쟁하고 성장하며 놀라운 성과를 만들어 나간다.

기업은 반드시 세 사람 중 한 사람은 역량이 뒷받침되는 인재를 배치해야 한다. 만일 우리 회사 인원이 세 사람이라면 그 세 사람 중 한 사람은 대표자로서 본인이 충분한 역량을 발휘하여 다른 두 사람에게 도전을 주고 동기부여를 해 줄 수 있어야 한다. 마찬가지로 직원을 네 사람으로 늘리게 되면 대표자를 제외하고 나머지 세 사람이 '부정적 진리'에 이를 수 있으므로 주의를 기울여야 하며 조직 내 세 사람 중 한 사람은 반드시 역량이 뒷받침되는 인력으로 배치하도록 인재를 영입하거나 기존 인재를 공들여 키워내야만 조직이 단단하게 성장해 나갈 수 있다.

　스타트업 대표자들이 때때로 "나같은 사람 한 사람만 더 있으면 좋겠다"라고 말을 한다. 하지만 대표자와 같은 사람이 존재한다면 분명 창업을 할 것이고 본인과 같은 말을 하고 있을 것이다. 나만큼 혹은 나보다 일을 잘 하는 사람을 영입해 올 수 없다면 나와 함께하고 있는 사람을 나와 같이 혹은 특정 부문에선 나보다 더 나은 사람으로 키워내야 언젠간 내가 신경써야 할 일이 한 개씩 줄어든다. 나같은 사람이 조직 내 한 사람 더 있다면 일을 벌이는 사람만 한 사람 더 있어 사고가 날 가능성이 더 커질뿐이다.

　가르치기와 답변하기에 게으를수록 사업의 실패 확률이 높아진다. 좋은 인재를 영입하거나 좋은 인재를 키워내어 도전하고 성장하는 조직을 만들어 내는 것은 대표자의 의무이며 가장 중요한 능력 중 한 가지이다. 하지만 좋은 인재를 키워내는 데에는 많은 시간을 투자해야 한다. 때문에 가맹본부 창업시 프랜차이즈 시스템과 조직 내 업무 시스템을 잘 구축하고 각각 직원의 역할을 명확하게 배분하고 정의해 줄 때 좀더 안정적인 성장을 이룰 수 있다.

　B사의 경우 고객의 문의 사항을 '카카오톡 채널' 서비스를 이용하여 처리하고 있다. 아직 규모가 크지 않기 때문에 고객 응대 조직이 별도로 존재하지 않는 상태의 이 기업은 대표자의 고민 끝에 총무역할을 담당하고 있는 D 직원에게 고객 응대를 맡겼다. 초기에는

담당자로 고객 문의 사항을 대응하고 처리를 잘 해왔다. 문제는 시간이 지날수록 D 직원 역시 하는 일이 많아지고 챙겨야 할 것들이 많아지며 '카카오톡 채널'의 고객 응대를 제대로 관리하지 못하게 되었다. 이 사실을 알게된 대표자는 D 직원의 책임감 부족에 대해 답답해 했고 D 직원에 대해 해당 업무를 잘 처리하지 못한 사실로 꾸짖었다.

　상기 사례를 보면 맡긴 일을 잘 하지 못한 D 직원이 꾸짖음을 듣는게 크게 잘못된 일이 아니다. 하지만 D 직원의 입장에서는 여러 가지 일을 처리하기 때문에 대표자의 꾸짖음이 부당하게 느껴질 수 있다. 사실 이 사례는 D 직원이든 대표자이든 모두 상처만 남는 결과를 가져온다. 대표자는 D 직원의 모습에 직원이라 불성실하다는 생각을 할 것이며 D 직원은 자꾸만 무리한 요구를 하는 대표자로 생각하게 되어 결국 시간이 지나면 D 직원이 퇴사할 가능성만 높아진다. 사실 이런 상황을 반복해서 겪는 대표자는 본인이 가장 퇴사하고 싶을 것이다.

　사람은 본능적으로 잔소리 듣는 것을 싫어한다. 또한 잔소리를 하는 쪽 역시 하고 싶어서 하는 잔소리이지만 많은 에너지가 소모되는 일임이 분명하다. 누구도 잔소리를 하지도 듣지도 않는 방법이 바로 시스템을 구축하는 것이다. 업무 전체가 전산화되어 시스템이 구축되지 않더라도 업무의 룰을 정해놓으면 사람들은 그 룰을 기준으로 움직인다. 잔소리를 하는 것으로 회사를 운영하려면 잔소리를 하는 사람의 개인 상태 – 피로도, 감정적 상태 등 – 에 따라 전달력의 편차가 크기 때문에 모든 사람이 힘들어지는 결과를 낳기 쉽다. 상기 사례는 간단한 시스템으로 잔소리를 하지 않고 담당자가 움직이도록 할 수 있다. 고객 응대의 경우 즉시성이 중요하므로 매일 아침 출근시 아침 조회의 한 과정으로 전날 발생했던 VOC(고객의 소리, Voice of Customer)의 종류와 수를 보고하도록 한다. 처음 하루 이틀은 잊거나 밀릴 수 있겠지만 매일 보고하는 일을 빼먹기는 어렵기 때문에 빠르게 업무의 루틴을 만들어 갈 수 있어 누구도 잔소리를 하지 않고 업무가 진행될 수 있다.

C사의 경우 가맹점의 미수금 리스크를 대비하기 위해 담당 영업사원을 지정하고 가맹계약 및 연장계약시 가맹계약서와 보증보험증서를 함께 스캔하여 PDF 문서로 웹하드에 업로드하여 관리한다. 가맹본부 회계 담당자는 수발주 업무를 하며 지속적으로 미수금이 발생하는 가맹점의 문제 해결을 위해 해당 가맹점의 담당자를 찾았으나 아쉽게도 담당자였던 영업사원 E는 잦은 근태 문제와 여러 사정으로 이미 퇴사를 한 상태였다. 해당 가맹점주는 연락도 잘 안되는 상황으로 미수금을 회수하기 위해 가맹본부 담당자는 보증보험사로 채권을 넘기기 위해 웹하드에서 보증보험증서를 다운받아보았다. 문제는 이미 보증보험증서의 기간이 만료된 상태여서 미수 채권 회수의뢰가 불가능한 상태였다.

위와 같은 상황은 잦은 입퇴사로 인해 업무의 인수인계가 제대로 되기 어려우며 웹하드에 모아놓은 파일들은 사람에게 말을 걸지 않기 때문에 의외로 빈번하게 발생된다. 계약의 관리는 앞서 언급한 VOC의 보고 주기가 매일이었던 것처럼 1개월 단위로 보고하도록 하면 문제를 해결할 수 있다. 영업팀이나 총무팀 담당자를 지정하고 신규 계약의 건수와 갱신 계약에 대해 처리되어야 할 일정들을 주기적으로 체크하고 보고하도록 하면 상당 부분 위험을 줄일 수 있다.

기업의 시스템은 일률적인 성공의 틀이 있다고 확실히 정의할 수 없으며 조직의 상황에 맞춰 만들어가고 발전해 나가야 단단한 성장을 이룰 수 있다. 앞서 언급한 '세 사람의 법칙'의 룰은 전체 인력의 1/3은 업무에 대한 숙련도가 있어야 한다는 의미이며 숙련도의 빠른 성장은 위와 같이 작은 룰을 만들어가는 것만으로도 많은 도움이 된다. 이같은 방법으로 가맹본부 전반의 정형화된 업무 시스템을 구축하고 구성원들이 그 시스템을 활용하여 일을 한다면 '세 사람의 법칙'을 빠르게 돌파해 나갈 수 있다.

천 명을 고용하고
천 명을 후원하는 기업

2009년 디지엠정보기술(DGMIT)를 창업하며 많은 기대가 있었다. 첫 창업 때 말뿐이었던 후원의 실천을 중요하게 여겨 'Donation & Gathering can Make IT, 기부와 수확을 통해 꿈을 성취하는 기업'으로 미션을 정하여 영문 기업명으로 DGMIT라고 법인을 설립했다. "천명을 고용하고 천명을 후원하는 기업"의 꿈을 가지고 회사의 성장과 더욱 많은 사람들의 고용 그리고 그 고용원들의 1대 1 결연후원을 통해 천명의 가정을 먹여살리는 기업, 또 다른 천명의 어린이를 후원하는 기업, 그리고 그 어린이들이 성장하여 돈을 벌어 경제적 여건을 만들고 또 다른 천명의 아이들을 후원하는 기업을 만들고 싶었다. 혼자 회사를 만들고 공채를 통해 한 명, 한 명 면접을 보며 직원을 뽑았고 그렇게 뽑힌 친구들과 고생하며 스마트 TV 분야의 괄목할 만한 성과를 이루었다. 여기저기서 들은 창업 교육을 통해 대표는 비전을 선포하고 구성원들을 이끌어야 한다는 이야기들을 들어왔다. 나는 "Donation & Gathering can Make IT"를 미션으로, "We make the first and the best"를 비전으로 "Passion Innovation Charity"를 Value로 MVV(Mission Vision, Value)를 만들고 매일 직원들에게 후원의 중요성과 사회 기여에 대해 설파했다. 흔히 듣기로 대표는 비전의 깃발을 흔들며 구성원들을 독려하고 구성원들은 그 깃발을 보고 앞으로 나아가는 것이라고 생각했기 때문이었다. 하지만 시간이 지날수록, 어려움이 닥칠수록 그 비전이 힘을 발휘하는 것을 볼 수는 없었다. 사람들은 각자 자기 생각이 있고 또한 바라는 것들이 있다. 회사의 구성원이 나의 철학에 감동하여 그 철학을 따른다는 것은 사실상 어렵기 때문이다.

시간이 지나고 우연히 우리 회사에 대해 검색을 하던 중 '잡O래닛'이라는 사이트에 퇴사자들이 회사에 대한 평가를 남긴 것을 보게되었다. 그간 나의 부족함과 악행에 대한 평가가 대부분이었다. 처음엔 억울했지만 시간이 갈수록 나의 태도에 대해 돌아볼 수 있었고 미숙한 직원들에 대해 좀더 구체적인 돌봄이 부족했던 것들도 알게되었다. 처음엔 화가 났지만 시간이 지날 수록 돌보지 못하고 가르쳐 주지 못한 것에 대해 미안한 마음이 더 커졌다. 여러가지 악플 중 가장 나에게 큰 충격을 주었던 글이 있다.

"대표의 꿈만 있는 곳"

그랬다. 나의 꿈을 설파하기 급급하게 살았었다. 꿈이 뭔지 물어봐도 좀처럼 막연하고 특별한 꿈이 없었던 그 친구들 마음 속에는 모두다 다른 생각이 있었다. '기부와 수확을 통해 꿈을 성취하는 기업' 그 꿈은 대표의 바람만 담겨있었고 대다수의 구성원들의 꿈과는 거리가 멀었었다. 사실 '잡O래닛' 사이트는 대표자들 사이에서 매우 유명하다. 대다수의 중소기업은 좋은 평가를 받기도 어려우며 해당 사이트에서 좋게 보이기 위해 돈을 내고 평판을 관리하는 기업은 정말 소수이다. 물론 해당 사이트에 연락해서 우리 회사 정보를 제외해 달라고 요청할 수 있지만 나는 아직까지도 악플이 그대로 노출되도록 둔 상태이다. 언제 또 변할지 모르는 내 마음의 기준점으로 삼고 싶기 때문이다.

'프랜차이즈 통합 솔루션' 비즈니스를 시작하며 디지엠유닛원(DGMUNIT1) 팀을 새로 빌딩하며 나에겐 새로운 꿈이 생겼다. '천 명을 고용하고 천명을 후원하는 기업'이 아닌 나와 함께 하는 멤버들의 '시간적 자유'와 '경제적 자유'를 갖도록 돕고, '시간적 자유'와 '경제적 자유'를 가진 멤버들이 모여 서로가 서로에게 기부해주고 기부의 결과로 수확을 할 수 있는 '경제 공동체'를 만드는 것이 바로 지금의 꿈이다. 지금은 IT 계열의 멤버들이 모여 사업을 실행하고 있지만 공간임대업, F&B(Food and Beverage) 사업과 같이 더 넓은 영역을 통해 더 다양한 멤버들을 영입하는 것을 목표로 사업의 방향을 고려하고 있다.

코로나19 판데믹 때 카페를 운영하며 테스트한 모델이 있다. 매장 투자자에게 월 매출 10%를 투자 수익금으로 분배하는 모델이었다. 1억원 투자 기준, 1천만 원 당 순매출 1%의 수익을 투자자에게 매월 지급하도록 설계되었고 실 투자자인 나는 직원 2명, 알바 7명을 로테이션 하는 매장에서 매월 150~180만 원의 수익금을 얻었다. F&B 사업에서 한 개의 매장을 오픈할 때 멤버들이 지분 투자를 할 수 있도록 기회를 열어주고, 투자한 멤버들에게 매월 수익금을 분배하는 모델을 만들 수 있을 것으로 기대하고 있다. 매장에 투자한 기존 멤버들은 매월 근로소득 이외의 소득을 안정적으로 가지게 되며, 매장에서 근무를 하는 점장 역할을 하는 멤버는 돈이 없어도 매장을 운영하며 2~3년 후 투자자들의 투자 원금만 그대로 상환하는 조건으로 자신의 매장을 가질 수 있다. 그렇게 매장을 가지게 된 멤버도 또 다시 다른 매장에 투자를 할 수 있도록 하여 멤버들 간 투자와 수익을 얻는 '경제 공동체'를 구축하는 것이 지금 나의 꿈이다.

처음에는 '비전의 깃발'이 맞다고 배웠고 나 자신도 그렇게 생각하였지만 대표의 역할은 비전을 강조하며 사람들을 끌고 나가는 것이 아닌 가진 꿈을 사람들에게 공유하고 그 꿈에 동의하며 꿈의 여정에 함께할 동반자를 찾아내는 것이라는 것을 깨닫게되었다. 때문에 디지엠유닛원(DGMUNIT1)을 창업할 때에는 DGMIT와는 다르게 'WHITE PAPER, 백서'를 작성했다. 내가 꿈꾸는 조직의 모습을 작성한 것이다. 아래는 디지엠유닛원 백서 중 '조직 및 기업문화' 서두이다.

우리는 규정보다는 멤버간의 책임과 역량을 중요하게 여기는 수평적 문화를 추구합니다. 우리에게는 경력과 연차에 따른 직급과 호칭이 존재하지 않으며, 모두 동등한 멤버로 상호 성장을 통한 상향평준화를 위해 노력합니다. 때문에 사수-부사수와 같은 전통적인 구조가 존재하지 않습니다. 구성원들은 모두 서로 가르쳐줄 수 있어야 하며 타인의 가르침에 게으르지 않아야 합니다. 우리는 근태관리를 하지 않습니다. 출근시간은 10시 이전 자유롭게 출근하며, 주간 최대 52시간 이

내에서 본인이 업무 성과를 내면 됩니다. 우리는 멤버의 성공을 최우선 목표로 하는 조직입니다. 개개인의 발전을 위한 상호 기술 세미나와 멘토링을 통해 각 멤버의 발전 방향을 논의하고 함께 개발해 나갑니다. 우리는 이러한 과정을 통해 우리 팀의 비전과 역량이 검증된 멤버를 보드 멤버의 권리를 부여하고 소속 법인의 법적인 소유권을 부여해 주고 그 성과를 실질적으로 공유합니다.

공채를 할 때마다 백서를 설명해 주고 한 사람 한 사람 내가 궁금한 것을 물어보기 전에 우리 조직문화를 설명하고 그 문화에 동의하는지를 먼저 물었다. 채용이 확정된 이후에도 3개월간의 시용기간을 통해 매월 조직문화에 맞는 사람인지 면담을 통해 확인하며 검증기간을 가졌다.

감사한 것은 그렇게 모여진 디지엠유닛원 멤버들은 놀랍도록 조직문화의 확신과 프라이드를 가지고 있었으며 내가 만들어 놓은 백서에 다양한 의견을 더하여 문화를 완성해 나갔다.

신규 멤버를 영입하기 위해 공채를 시행할 때에도 모든 멤버들이 면접에 동참하며 만장일치가 아닌 사람은 채용을 하지 않았고, 3개월 시용기간의 평가지표도 멤버들의 의견을 따라 정량적 지표를 만들어 모든 멤버가 1개월마다 정기 평가를 통해 의견을 제시하여 후보 멤버의 빠른 적응을 돕기도하며, 후보 멤버가 우리 조직에 맞는지 아니면 다른 조직이나 분야에 잘 맞는지를 살펴보고 더 나은 방향으로 멘토링을 해 주며 3개월을 보낸다. 이런 과정 때문에 3개월 시용기간을 모두 채우지 못하거나 모두 채우더라도 다른 회사로 추천되어 나가는 일들이 많다.

3개월 간 팀 문화와 개발 도구와 개발 방법에 대해 다양한 경험을 하고 다른 회사로 간 친구들 중에는 잘 배워서 고맙다고 연락을 준 친구들도 있어 보낼 때는 아쉬웠지만 마음에는 뿌듯함이 남아 있다.

조직문화 백서를 최초에 만든 것은 나였지만 그 밑그림에 눈, 코, 입을 그리고 채색을 하는 것은 함께하는 멤버들이었다. 때문에 디지엠유닛원의 MVVS(Mission, Vision, Value, Slogan) 역시도 대표가 정하는 것이 아니라 멤버들이 모두 모여 정하고 공감하며 목표로 설정하게 되었다. 누가 시키지 않아도 일하는 조직, 더 나은 것을 만들고 더 나은 사람으로 살아가는 사람들이 모여있는 조직, 함께 일하고 싶은 사람들이 만나는 조직이 바로 우리 팀이 된 것이다.

2023년 12월 21일 전주에서 디지엠유닛원 멤버들이 만든 MVVS

프비티 : 프랜차이즈 비즈니스 IT 인티그레이션

MISSION	프랜차이즈 비즈니스를 IT로 혁신한다
VISION	일당백 : 1명의 직원이 100개의 가맹점을 관리할 수 있는 시스템을 만든다
VALUE	우리는 100개의 가맹점을 관리할 한 명의 직원이라는 마음가짐으로 – 사용자 눈높이로 : 사용자의 언어로 이해가 쉽게 – 사용자보다 앞서 : 불필요한 부분은 자동화, 필요하면 찾아볼 수 있는 방식으로 – 책임을 가지고 : 제품에 대해 신뢰할 수 있도록 과정과 절차를 거쳐 만들겠습니다.
SLOGAN	앞서나가는 프랜차이즈의 비결, 프비티

에필로그

지난 1년 동안 프랜차이즈의 디지털 전환을 지원하며 300여 명의 프랜차이즈 가맹본부 관계자들을 만나면서 각 본부가 겪는 다양한 고민과 어려움을 가까이서 듣게 되었습니다. 프랜차이즈 본부는 자영업자를 최전선에서 지원하며, 고객의 고도화된 기대에 부응하는 제품과 서비스를 제공해야 하는 중요한 역할을 맡고 있습니다. 또한, 세련된 인테리어조차 필수 요소로 자리잡은 것이 우리나라 프랜차이즈의 현실입니다.

대형 프랜차이즈 가맹본부들은 이러한 변화에 맞춰 투자를 통해 데이터를 수집하고, 이를 분석할 인재를 확보하며 AI와 인력을 동원해 시대의 흐름에 대응하고 있습니다. 반면 소규모 프랜차이즈 본부들은 물질적, 인적 자원의 한계 속에서 여전히 어려움을 겪고 있습니다. 이런 불균형을 해소하기 위해, 누구나 데이터를 쉽게 수집하고 분석할 수 있는 기술을 개발하고 있습니다. 물량 경쟁이 아닌, 스마트하고 기민하게 대응할 수 있는 경쟁력을 갖추도록 돕는 것이 목표입니다. 이러한 기술적 지원과 성장 방향을 공유하기 위해 매월 둘째 주 금요일에는 프랜차이즈 본부를 위한 성장 세미나를 열고 있습니 다. 변화의 시대에 필요한 지혜와 실질적인 지원을 제공하며 함께 성장할 수 있기를 기대합니다.

   프랜차이즈 본사 성장 세미나는 프비티 공식 홈페이지 (https://www.fbiti.com)에서 신청할 수 있습니다.

Part 3.
안전한 거래를 연결하는
가맹거래사 이야기

김상용

대학 졸업 후 롯데그룹의 세븐일레븐에 입사하여, 프랜차이즈의 꽃이라 불리우는 '슈퍼바이저'로 프랜차이즈 업계에 첫 발을 내디뎠다. 프랜차이즈 산업에 매료되어, 가맹사업의 전문가인 '가맹거래사' 자격을 취득, 2019년부터 프랜차이즈 확장 및 가맹본부 설립에 전문적인 컨설팅을 제공하고 있다. 또한 '경영지도사' 자격을 통해 소상공인과 중소기업의 문제 해결에도 기여하고 있으며 최근에는 ESG 전문가로서의 활동을 시작하여 프랜차이즈 업계의 ESG 선도 전문가가 되는 것을 목표로 하고 있다. 끊임없는 열정으로 프랜차이즈와 ESG 분야에서 새로운 방향을 제시하는데 앞장서고 있다.

나의 일, 가맹거래사

명확한 솔루션과 가이드라인을
제시해주는 가맹거래사

가맹본부 대표님으로부터 상담전화가 온다.

"가맹거래사님, 궁금한 게 있는데요. 유니폼을 입지 않고 일하는 가맹점주한테 몇 번씩이나 유니폼을 입으라고 지도했는데도 불구하고 유니폼을 입지 않습니다. 이것을 이유로 가맹계약을 해지할 수 있나요?"

"정해진 유니폼을 입지 않는다는 이유만으로는 가맹계약을 당장 해지할 수는 없습니다. 가맹본부의 영업방침을 준수하지 않았으니 이를 시정하라는 내용의 문서를 발송하여 1차적으로 시정요구를 해야합니다."

"그런데도 유니폼을 입지 않는다면, 가맹계약을 해지할 수 있나요?"

"가맹사업거래의 공정화에 관한 법률 제14조에 따라서 가맹점사업자에게 2개월 이상의 유예기간을 두고 계약 위반 사실을 구체적으로 밝히고 이를 시정하지 않으면 그 계약을 해지한다는 사실을 서면으로 2회 이상 통지하는 가맹계약 해지 절차를 지키셔야 가맹계약 해지의 효력이 발생합니다."

이런 대화가 끝나면 대부분의 가맹 본부 대표님들은 '가맹사업법이 왜 이렇게 까다롭냐?' 라며 볼멘소리를 듣는다. 또 다른 가맹본부 대표님에게도 문의전화를 받는다.

"가맹희망자에게 오늘 가맹계약서를 제공하였는데, 가맹희망자가 오늘 바로 계약을 체결하고 싶어합니다. 혹시 가맹계약 체결을 바로 할 수 있나요?"

"대표님 가맹사업법상 정보공개서와 가맹계약서를 제공한 뒤 14일이 지나야 가맹계약을 체결하실 수 있습니다. 빠르게 가맹계약을 체결하고 싶으셔도 반드시 가맹사업법을 준수하셔야 합니다."

"가맹희망자가 빠르게 가맹계약을 체결하길 원하는데 그냥 체결하면 안되는 건가요? 그러다가 가맹희망자가 다른 브랜드랑 계약하면 어떻게 해요?"

가맹사업법의 취지와 정보공개서의 의미를 설명하지만 역시 '무슨 법이 이러냐' 라며 볼멘소리를 듣게 된다.

이처럼 가맹본부에게 가맹사업과 관련된 솔루션과 가이드라인을 제시하는 것이 가맹거래사의 일이다. 물론 가맹본부를 대상으로만 상담하지는 않는다. 가맹점주 역시 가맹거래사에게 전화로 문의하는 경우가 있다.

"카페를 운영하고 있는데 본부의 레시피보다 내가 하는 레시피가 더 맛있고, 손님들의 반응도 좋은 것 같아요. 내 레시피대로 음료를 제조할 수는 없어요?"

"프랜차이즈의 핵심은 통일성입니다. 통일성을 지키기 위해서는 가맹본부의 가이드라인에 맞게 음식을 제조하셔야 합니다."

"상권마다 손님의 입맛이 다를 수 있는데 주변 단골손님의 입맛에 맞춰야 맞는 거 아닌가요?"

"프랜차이즈는 어느 매장에서든 맛이 동일해야 합니다. 각 상권이나 단골손님에게 맞게 음식을 제조한다면 가맹본부의 브랜드 통일성이 크게 훼손됩니다. 이는 프랜차이즈 사업의 본질을 위배하는 행위가 되어 가맹계약상의 큰 위법사항이 될 수 있습니다. 가맹본부의 가이드라인을 따르는 것을 원칙으로 하시고, 해당 부분에 대해서 가맹본부 담당자와 잘 상담해보시길 바랍니다."

이처럼 가맹본부나 가맹점주들을 대상으로, 가맹사업의 전문가로서 명확한 솔루션과 가이드라인을 제시해주는 일, 이게 가맹 거래사로서 나의 일이다.

가맹거래사란?

가맹거래사는 공정거래위원회에서 주관하는 국가 전문자격사다. 하지만 이 책을 읽는 독자들의 대부분은 가맹거래사라는 직업이 생소할 것이다.

실제로도 가맹거래사로 활동하면서 가장 많이 듣는 질문이 "가맹거래사는 무슨 일을 해요?"이다. 가맹거래사는 가맹사업의 공정한 거래질서를 확립하는데 이바지하고 가맹사업 전반에 대한 경영 및 법률서비스를 제공하기 위하여 도입된 자격사이다. 쉽게 말해, 공정한 거래질서를 위한 가맹사업의 안내자라고 보면 된다.

가맹거래사는 가맹사업의 사업성을 검토하고 정보공개서와 가맹계약서의 작성, 또는 수정이나 이에 관한 자문을 하며 가맹점주의 부담, 가맹사업 영업 활동의 조건 등에 관한 조언과 동시에 가맹사업 당사자에 대한 교육·훈련이나 이에 대한 자문 업무를 수행한다.

추가로 가맹사업거래에서 발생하는 분쟁 조정 신청의 대행 및 의견의 진술 업무를 수행하며, 정보공개서 등록 대행 업무 역시 가맹거래사가 수행하고 있다.

물론 극 중에서는 정 실장 역할이 마약을 유통하는 사기꾼으로 나오지만, 장사가 잘 되는 음식점을 프랜차이즈화라는 새로운 사업으로 연결한다는 점에서 가맹거래사 업무와 유사하다고 할 수 있다. 하지만 영화에 나오는 것처럼 가맹거래사가 일반 음식점을 찾아가서 프랜차이즈 사업에 투자하는 형식보다는, 가맹사업과 관련되어 도움이 필요한 클라이언트들의 의뢰를 받는 식으로 가맹거래사의 업무가 이루어지고 있다.

가맹거래사가 가맹사업과 관련되어 어떤 도움을 줄 수 있느냐에 대해 이야기해보겠다. 가맹거래사는 우선적으로 가맹사업을 하고자 하는 사업자에게 가맹본부의 설립업무를 도와준다. 이 과정에서, 가맹사업을 통해 가맹본부가 수익구조를 어떻게 창출하고, 물류는 어떻게 공급하며 또한 마케팅은 어떻게 진행할지 등 가맹사업에 대한 세부적인 솔루션을 제공하며 성공적인 가맹사업을 위한 경영지도 업무를 수행한다.

가맹거래사가 가장 많이 활동하는 정보공개서 등록 업무에 대해서도 이야기해보겠다. 가맹본부를 설립하고자 한다면 우선 공정거래위원회에 정보공개서라는 서류부터 등록해야 한다. 법적으로 변호사와 가맹거래사만이 가맹본부를 대리하여 정보공개서 등록 업무를 수행할 수 있다. 하지만 실무적으로는, 정보공개서 등록과 관련된 업무는 변호사가 아닌 가맹거래사가 수행하고 있다.

그러므로 정보공개서의 등록 업무야말로 가맹거래사의 주 업무이자 주 수입원이라 할 수 있다.

정보공개서는 가맹사업을 하는 데 있어서 중요한 문서이다. 이 정보공개서는 서류는 가맹사업을 하고자 한다면 의무적으로 작성하여 공정거래위원회에 등록해야 하고 가맹계약 체결시 가맹희망자에게 제공해야 한다. 또한 내용이 변경될 때마다 변경된 사항을 기재하여 변경신청을 해야 하고 1년에 한 번씩 정기적으로 변경등록을 하도록 법적으로 의무화되어 있다. 따라서 가맹거래사는 가맹본부의 업무 위임을 받아 공정거래위원회 또는 각 지역의 등록기관에 정보공개서를 등록하고 변경신청 등의 지속적으로 관리해주고 있다.

가맹거래사는 공정한 가맹사업을 위해 존재하는 직업이다. 그러므로 가맹본부뿐 아니라 가맹점 주에게도 가맹거래사가 꼭 필요하다. 불공정한 가맹사업으로 인해 피해를 본 가맹점주에게는 가맹거래사 큰 도움이 될 수 있다. 가맹거래사는 가맹사업거래의 분쟁조정 신청의 대행 및 의견의 진술이 라는 업무 영역을 통해 가맹점주의 불공정 피해를 구제하고, 가맹본부를 대상으로 분쟁조정 신청서의 작성업무를 대행해줄 수 있기 때문이다.

가맹사업의 당사자인 가맹본부와 가맹점주 역시 동일할 것이다. 하지만 대부분 가맹본부는 자본과 인력을 갖춘 힘 있는 기업이고 가맹점주는 영세한 소상 공인이므로, 이러한 법적 분쟁은 가맹본부에게 유리한 경우가 많다. 따라서 가맹사업법은 민사소송과 별개로 분쟁조정절차라는 제도를 운영하고 있으며, 분쟁조정절차를 통해 시간과 비용적인 측면에서 보다 합리적으로 가맹본부와 가맹점주 간의 갈등을 조정할 수 있다.

앞서 말했듯이 가맹거래사는 이 분쟁조정절차에서 가맹점주를 대신하여 분쟁조정 신청을 대행하고 분쟁조정에 대한 의견 진술의 업무를 수행할 수 있다. 분쟁조정절차는 '분쟁조정신청서'를 분쟁조정기관에 제출해야 한다. 가맹거래사는 가맹점주의 피해내용을 파악하고 이를 가맹사업법에 따른 위반행위와 조정안을 기재하여, 분쟁조정신청서의 작성 업무를 수행한다. 물론 이 분쟁조정신청 역시 변호사를 통해 진행이 가능하지만, 일반적으로 가맹점주의 피해구제에 대해서 민사소송은 변호사가, 분쟁조정신청은 가맹거래사를 통해 진행된다.

프랜차이즈 업계에서, 가맹거래사가 할 수 있는 업무는 매우 많다. 정보공개서 등록, 분쟁조정신청 대행 등 법적으로 기재된 업무 영역 외에도 가맹사업 관련 교육, 프랜차이즈 시스템 개발, 가맹점주 모집 대행을 하고 있는 가맹거래사가 많으며 실제로 본 저자 역시, 프랜차이즈 지원 전문 법인을 설립하여 위와 같은 업무를 수행하고 있다. 즉 가맹거래사는, 프랜차이즈와 관련된 모든 업무를 수행하고 있고, 또 가장 전문적으로 수행하고 있다고 볼 수 있다. 프랜차이즈의 전문가인 셈이다. 그렇다면 나는 왜 가맹거래사가 되었을까?

초보 슈퍼바이저를 사로잡은 그 단어, 가맹거래사

나는 누구나 다 아는 편의점 브랜드에 취업하여 슈퍼바이저로 사회에 첫 발을 내딛었다. 그때가 2014년이었다. 그로부터 지금까지 프랜차이즈 업계에 몸 담고 있을 거라고는 생각지도 못하였다.

당시 취업을 준비하던 친구들 대부분이 유통업체에 관심이 많았고, 그 중에서도 백화점이나 면세점이 가장 인기 있었다. 하지만 나는 유통업체 중에서도 편의점이라는 곳에 가고 싶었다. 다른 사람들이 선호하던 곳은 아니었지만, 나에게는 편의점이라는 공간이 뭔가 특별하게 느껴졌다.

특히 내가 MD로서 어떤 제품을 출시하면, 서울, 대구, 부산 어디에서나 내 제품을 만나 볼 수 있다는 점이 굉장히 매력적으로 느껴졌다.

그리고 2014년에 드디어 롯데그룹 세븐일레븐 편의점에 입사했다. 내가 맡은 업무는 편의점에 방문하여 가맹점주와 소통하며 가맹점주를 지원하는 슈퍼바이저였다. 이 일은 꽤 잘 맞고 재미있었다. 당시 내 하루 일과는 아침에 일어나면 가까운 편의점에 출근 도장을 찍고 내가 담당하는 15개 정도의 매장의 발주 현황을 체크하는 것이었다. 당시에 편의점에서 주로 관리하는 제품은 삼각김밥과 도시락이었다.

당시에 편의점에서 주로 관리하는 제품은 삼각김밥과 도시락이었다. 매장의 데이터를 분석하여 제품의 발주 수량 확인하고 적정 발주량을 지도하였다. 타 매장에서 인기가 있는 신제품이 발주되지 않은 점포에는 이 제품을 왜 도입해야 하는지와 어떤 발주 프로모션이 있는지를 설명했다. 이를 통해 매장에 다양한 제품 구색을 갖추어, 매출이 많이 발생할 수 있도록 점포 관리 업무를 수행했다.

당시 주력 관리 제품은 편의점 커피 기계에서 추출되는 원두커피였다. 전날 커피가 몇 잔 팔렸는지를 체크해서 원두커피 매출이 저조한 매장에 방문하여 커피 기계를 점검하고 이벤트나 판촉, 프로모션 등의 요소로 원두커피의 매출 증진을 위한 매장 관리 업무를 하였다.

물론 위와 같은 일만 한 것은 아니었다. 가맹점주를 도와 제품 진열을 개선하고 편의점의 청결을 관리하였다. 또한 회사의 지침에 따라 가맹점주에게 회사의 방침을 안내하고 그들의 불만을 들어주는 가교역할도 하였다. 대부분의 편의점 슈퍼바이저가 하는 업무를 나 역시 동일하게 수행하였고 꽤 재밌게 일을 했었다.

그리고 슈퍼바이저 업무의 매력은 대부분의 업무가 사무실이 아닌 현장 근무한다는 것이다. 월요일 아침 본사 사무실로 출근하는 것 외에는 바로 점포로 출근하여서 상사의 눈치도 안 보게 되고 가맹점에 갔다가 비는 시간에는 은행이나 병원 일도 볼 수 있었다. 이러한 점때문에 편의점 회사에서의 근무는 개인적으로는 꽤 좋았고 재밌었다.

그러나 나에게도 어려운 일은 있었다. 바로 가맹점 계약 업무였다. 당시 슈퍼바이저는 편의점의 재계약 관리 업무도 맡고 있었다. 물론 계약의 중요한 부분은 팀장급에서 담당하였지만 편의점의 계약 만료일을 체크하고 계약 관련 서류 등을 준비하는 일은 슈퍼바이저가 맡아 담당했다. 하지만 당시 나는 1~2년차의 신입사원이라, 편의점 계약이 어떤 방식으로 이루어지는 알지 못했다.

포항의 한 가맹점의 계약 관리를 준비하면서 팀장님이 나에게 정보공개서와 가맹계약서를 출력해올 것을 요청하였다. 나는 이 때 정보공개서와 가맹계약서라는 서류를 처음 알게 되었다. 직장 선배의 도움을 받아서 정보공개서와 가맹계약서를 출력했다. 그리고 포항에 있는 가맹점에 팀장님과 동행하였고 팀장님은 내가 출력한 정보공개서와 가맹계약서를 가맹점주에게 제공하였다. 그리고는 팀장님은, 14일이 지나고 가맹계약을 체결해야 하니 나중에 다시 오겠다고 가맹점주에게 이야기하였다.

나는 당시, "대체 이게 무슨 서류길래 왜 제공해야 되고 왜 14일 뒤에 계약을 체결하는지?"라는 생각을 하였다. 점포의 매장관리 업무만 하던 나에게는 처음 들어본 용어였기 때문이다. 물론 돌이켜보면 회사에서 정보공개서와 가맹계약서라는 서류에 대해 충분히 교육해주었고 14일이 지나고 가맹계약을 체결해야 하는 이유에 대해서도 설명해주었다. 다만 내가 그때는 편의점에 가서 제품을 진열하고 관리하는 것을 좋아하다보니 계약 등 어려운 문제에 대해 관심이 없었기 때문에 몰랐던 것이었다.

 매장을 방문하고, 집으로 돌아와서 나는 정보공개서와 가맹계약서라는 서류를 꼼꼼히 읽어보았다. 그리고 정보공개서와 가맹계약서 내에 기재된 문구를 읽고, 팀장님이 왜 그날 계약을 체결하지 않고 돌아왔는지 이해할 수 있었다. 바로 다음과 같은 내용 때문이었다. "정보공개서 등을 제공한 날부터 14일(가맹희망자가 정보공개서에 대하여 변호사 또는 제27조에 따른 가맹거래사의 자문을 받은 경우에는 7일로 한다.)이 지나지 아니한 경우에는 가맹금을 수령하거나, 가맹계약을 체결할 수 없다."

 '아 이래서, 14일 뒤에 다시 오겠다고 한거였구나' 라고 생각함과 동시에 한 단어가 내 시선을 사로잡았다. 바로 '가맹거래사' 라는 단어이다. '가맹거래사가 뭐지? 가맹거래사의 자문을 받는 경우 왜 숙고기간이 7일로 줄어드는 것이지?' 의아해하였고 그때 처음으로 가맹거래사라는 직업을 알게 되었다. 물론 내가 회사를 더 오래 다녀 경력과 업무 지식이 쌓였다면 가맹거래사에 대해서도 자연스럽게 알게 되었을 것이다. 하지만 나는 당시 슈퍼바이저 업무를 한지 별로 안 된 1~2년 차의 신입사원이기 때문에 가맹거래사라를 전혀 알지 못하였다.

 편의점 업계에서 약 1~2년 다니면서도 가맹거래사 라는 직업을 잘 몰랐었기 때문에 나는 가맹거래사가 새롭게 신설된 자격사로 이해했다. 하지만 당시 내가 편의점 회사에 근무하던 2017년에도 이미, 가맹거래사는 15기까지 배출되어 프랜차이즈 업계에서 중요한 일을 담당하고 있었다는 사실에 놀랐었다. 그렇게 나는 가맹거래사라는 직업에 대해 관심을 갖게 되었고 가맹거래사라는 자격사에 도전해봐야겠다는 생각이 들었다.

가맹거래사라는 새로운 도전

앞서 말했듯이 롯데그룹 계열사 편의점 회사에서 생활은 전반적으로 만족스러웠다. 그러나 한편으로 늘 고민하던 부분이 있었다. 바로 내가 현장에서 만나는 가맹점주들에 대한 고민이었다.

'지금 내가 하는 일이 과연 가맹점주에게 도움이 될까?'

'신상품 발주지도가 가맹점주에게 부담이 되지는 않을까?'

'지금 이 가맹계약 조건이 가맹점주에게 불이익되는 내용은 없을까?'

물론, 슈퍼바이저의 업무는 가맹점주에게 도움이 되는 일이고 신상품의 발주지도가 장기적으로 봤을 때는 가맹점의 매출 향상에 도움이 될 수 있다. 그리고 가맹계약의 경우 가맹본부 역시 이익을 고려하는 집단이므로, 이익을 추구하는 것이 당연한 일일 것이다. 지금도 슈퍼바이저로서 했던 행동이나 업무가 잘못되었거나 부당했다고 생각하지는 않지만 당시 나는 이런 고민들로 인해 마음 한편이

시원하게 해소되지 않는 답답함이 있었다.

가맹점주에게 실질적인 도움을 줄 수 있는 방법을 고민하던 중, 가맹거래사에 대해 본격적으로 관심 갖게 되었고 가맹거래사의 업무 영역과 가맹거래사들의 활동 스토리를 들으면서 가맹거래사라는 자격사에 매력을 느끼게 되었다.

그렇게 점차 가맹거래사라는 직업에 관심이 커지면서 가맹거래사 자격사가 프랜차이즈 업계에서는 매우 중요한 영역이며 공정한 가맹사업의 발전에 있어서 반드시 필요한 자격사라는 것을 알게 되었다.

그리고 프랜차이즈 업계가 지속 성장할 기대감이 있었기 때문에, 프랜차이즈 관련 전문가로서 큰 비전도 갖게 되었다. 그렇게 내가 좋아하던 편의점 회사의 일과 만족스러웠던 연봉과 처우를 뒤로 하고 가맹거래사라는 새로운 도전을 결심하게 되었다.

가맹거래사 시험은 1차와 2차에 거쳐 진행되는데 1차 시험은 4월 경에 이루어졌고, 시험 과목은 경제법, 민법, 경영학 3과목이었다. 각 과목은 객관식 40문항으로 평균 60점 이상이 합격이었다. 경영학은 어느 정도 아는 부분이 있었으나 법학에 대해서는 잘 알지 못하였기 때문에 경제법과 민법을 집중적으로 공부했었다. 독학으로 공부하다 보니 어려운 점도 있었으나 1차는 넉넉한 점수로 합격하였다. 2차 시험은 7월 경에 이루어졌던 것 같다. 2개 과목으로 〈가맹 사업거래의 공정화에 관한 법령 및 실무〉와 〈가맹계약에 관한 이론 및 실무주관식〉이 서술형으로 출제되었다. 서술형 시험이 처음이다 보니 답안지를 어떻게 작성해야 하는지를 전혀 감을 잡지 못했다. 닥치는 대로 내용을 외우기만 했을뿐, 어떻게 답을 작성해야 하는지 알지 못했다.

  서울에 가서 모의고사를 한번 치렀는데 내용을 다 알고 있음에도 답안 정리를 못해 좋은 점수를 받지 못했던 기억이 있다. 그 후 서술형 답안지 작성법에 대해 완전히 감도 잡고 실제 업무에서 접했던 용어들이 많아서 공부에도 재미를 느끼게 되었다. 아직 시험에 합격한 것도 아니였는데 벌써부터 가맹거래사로서의 내 모습을 기대해보기도 하였다.

  가맹거래사 2차 시험 당일, 나는 전혀 긴장하지 않고 시험을 치뤘고 9월에 있을 합격자 발표를 기다렸다. 그리고 당당히 가맹거래사 자격사에 합격했다. 2018년 16기 가맹거래사로서 첫 문은 열게 된 셈이다! 하지만 모든 자격사가 그러하듯 가맹거래사 역시 합격한다고 끝이 아니었다. 가맹거래사로서 활동하기 위해서는 가맹사업 실무와 가맹거래사 업무에 대해 더욱 깊이 있게 파고들어야 했다.

새내기 가맹거래사

앞서 말했듯, 가맹거래사에 합격한다고 바로 일을 할 수 있는 것은 아니였다. 가맹거래사로서 실력을 쌓고 싶은데 막상 가맹거래사를 채용하는 회사는 드물었다. 가맹거래사 채용 정보를 찾아보던 중 마침 기업 공채 시즌이 다가와서 가맹거래사 자격증을 활용하여 프랜차이즈 본부에 이력서를 제출해보았다. 당시 파리바게뜨를 운영하는 SPC에 이력서를 제출하였는데 서류 합격 이후 2~3단계에 면접을 거쳐 최종면접까지 가게 되었다. 사실 그때 나는 무조건 최종 합격이 될 것이라고 생각했었다.

2년 6개월 정도의 업무 경력이 있어 프랜차이즈 업계에 대해 잘 알고 있었고 그럼에도 나이가 많지 않은 중고 신입 지원자였으며, 가맹거래사라는 프랜차이즈 전문자격사까지 갖추고 있었기 때문이다. 그래서 그런지, 최종면접 보는 와중에도, "나는 무조건 합격이다."라고 자만하게 되었고, 당시 면접관들의 질문에도 대충 답변했던 것 같다. 그리고 면접을 마치고 서울에서 대구로 내려오는 길에서도 "신입사원 연수에 가서는 뭘 하지? 연수에 들어가기 전에 머리나 좀 해볼까…" 말도 안되는 계획을 세웠다. 그리고 면접 일로부터 약 1주일 뒤 불합격 통보를 받았다. 사실 불합격은 생각지 못한 일이어서 적잖이 당황스러웠다.

충격 속에 며칠을 보내고 나서 마침 정말 운 좋게도 서울에 있는 가맹거래사 사무소에서 가맹거래사 신규 채용 공고를 보게 되었다. 이것이 기회라고 생각하고 바로 가맹거래사 사무소에 지원하게 되었다. 그리고 면접을 보러 오라고해서 서울로 향했다. 이번에는 정말 절실한 마음으로 면접에 임했다. 그래서 그런지, 가맹사업법에 관련된 여러 질문들에 대해서도 막힘 없이 잘 답변을 하였다. 그렇게 면접을 보고 1주일 뒤 합격 통보를 받았다. 당시 가맹거래사가 직원을 고용하여 사무소를 운영하는 경우는 드문데 내가 근무하게 된 서울에 있는 가맹거래사 사무소는 가맹거래사 업계에서는 알아주는 곳이었기 때문에, 가맹거래사를 채용하는 것이 가능하였다.

하지만 물론, 신입 가맹거래사의 연봉 수준은 높지 않았다. 당시 롯데 그룹이라는 대기업을 퇴사한 나로서는 만족할 만한 수준이 되지 못하였다. 그때와 비교해서 급여의 거의 50% 정도를 받았다. 하지만 가맹거래사 업무의 실무를 경험해본다는 일념으로, 서울의 고시원에서 하루하루를 보냈고, 나는 동기들에 비해 가맹거래사 업무에 대해 많은 것을 배우게 되었다.

물론 급여가 낮았지만 당시에는 나이가 어렸기 때문에 낮은 급여는 큰 문제가 되지 않았다. 그리고 서울살이는 나름 재밌었다. 대구사람이 서울 이곳저곳을 돌아다니면서 많은 것을 느낄 수 있어서 재밌었다. 서울에서의 경험이 큰 자산이 될 것이라고도 생각했다. 물론 그 생각은 틀리지 않았다. 지금 생각해보면 SPC에 떨어지고 이 가맹거래사 사무소에 합격한 것이 결과론적으로 나에게 큰 도움이 되었다고 생각한다.

성장통을 겪으며 더욱 발전해나갔던 시기

내가 서울에 있는 가맹거래사 사무소를 다니면서 가맹거래사 실무를 처음으로 경험하던 당시에는 이른 바 '차액가맹금'과 '주요 품목별 공급가격의 상하한'에 대해 정보공개서에 기재하는 법안이 새로 통과되어서, 프랜차이즈 업계에서 큰 동요가 있던 시기였다. 당시에 많은 가맹본부가 이러한 내역이 영업 비밀에 해당하므로 공개할 수 없다는 입장을 취했고 이에 따라 프랜차이즈협회 차원에서 헌법소원을 제기하는 등의 노력을 하였다. 물론 당시 그 헌법소원이 기각되어 지금은 차액가맹금과 주요 품목별 공급가격의 상하한을 정보공개서에 모두 기재하고 있다.

당시에 가맹거래사들은 이러한 내용에 대해, 가맹본부로부터 어떤 자료를 받아서, 정보공개서에 어떻게 기재할지에 대해 고민할 수밖에 없었다. 내가 다니던 가맹거래사 사무소 역시 마찬가지였다. 그래서 나는 관련 법령을 계속 검토하고 차액가맹금과 주요 품목별 공급가격의 상하한에 대해 선임가맹거래사와 열띤 토론을 하였다. 그리고 다양한 사례들을 분석해보면서 해당 품목 기재방법에 대해 나름대로 정리를 해보는 과정들을 거쳤다.

이러한 정리 내용을 토대로 가맹본부에 필요 자료를 요청하였는데, 가맹본부들의 반응이 좋지 않았다. 가맹본부에서는 작년에는 요구하지않던 자료인데, 왜 이런 자료를 왜 주어야 하느냐라는 반응이 대부분이었다. 해당 자료가 필요한 이유와 법 개정, 정보공개서에 반영되는 부분들에 대해 상세히 설명한 뒤에, 가맹본부로투터 자료를 제공받을 수 있었다. 하지만 몇몇 가맹본부의 이야기들이 당시에 나에게 큰 상처로 다가왔었다.

　몇몇 가맹본부가 "가맹거래사가 변호사도 아닌데 무슨 법 이야기를 하고 이런 자료를 왜 달라고 하느냐?", "괜히 이런 거 자료 달라고 해서 수수료만 더 받고 영업비밀을 활용하려고 하는 것 아니냐?"라는 이야기를 들었다. 심지어, "니들이 뭘 아냐?"라는 막말을 듣기도 했다.

　나는 가맹거래사라는 직업이, 가맹본부가 가맹사업법을 준수하면서 올바른 가맹사업을 영위할 수 있도록 지원하고 있다는 자부심을 가지고 있었다. 하지만 당시 들었던 내용들은 내가 하는 일에 대하여 자괴감이나 상실감을 느끼게 했고 내가 이 일을 계속 해야 되나 라는 생각 도 들었던 것 같다.

　하지만 모든 일이 항상 즐겁고 기분 좋은 일만 있을 수가 있겠나. '새롭게 법이 개정되면서 발생되는 시행착오나 조정 과정이라고 생 각하자' 라는 마음으로 의지를 다졌었다. 돌이켜보면, 그 시기가 성장통을 겪으며 가맹거래사로서 더욱 발전해나갔던 시기라고 생각한다.

　가맹사업법을 해석하고 법 규정에 맞게 정보공개서와 가맹계약서를 작성하는 법, 그러면서 가맹본부의 업무가 줄어들도록 지원하는 방법, 이를 서류로서 정리하는 방법과 같은 실무적인 것은 물론이고 클라이언트와 소통하고 클라이언트를 설득하면서 나의 감정을 컨트롤 하는 법 등을 배우게 되었다. 즉 이 때가 가맹거래사 업무에 있어서 큰 성장을 이룬 시기였다고 생각한다. 이러한 일들을 겪어보니 보다 빠르게 나의 일을 하고 싶다는 생각이 들었다. 그래서 6개월 만에 서울에서의 생활을 접고 대구로 내려와서 가맹거래사 업무에 대해 도전하였다. 그때가 2019년 8월이었다.

가맹거래사로의 시작,
그리고 프랜차이즈 심사원까지

가맹거래사로서 첫발을 내딛다

　대구에서 가맹거래사라는 라이센스로 개인 사업을 시작하기 위해 당찬 마음으로 사업자등록을 냈다. 하지만 처음이다보니 사업가로서 일하는 게 쉽지만은 않았다. 가맹거래사는 변호사, 세무사, 노무사와 같이 자격증(라이센스)만으로 가치가 인정되어 일감이 생기는 자격사가 아니었다. 스스로 노력하지 않으면 기회조차 오지 않았다. 또한 이를 극복할 만한 사회 경험이나 영업 스킬이 당시의 나에게는 없었다.

　그리고 처음으로 사업자를 내고 사업을 하다 보니 여러 가지 막히는 부분이 많았다. 먼저 사업장부터 준비해야 하는데 사무실을 구할 자금이 부족했다. 하지만 해결법은 있었다. 당시 공유 오피스라는 개념이 조금씩 유행하고 있었던 터라 나도 공유 오피스를 통해 사무실을 갖추었다.

　비상주 사무실이라는 방법을 통해, 사업자등록증만 공유 오피스

주소지로 내고 실제 업무는 자택에서 하는 식으로 사무실 비용을 줄였다. 당시에 내가 지출한 금액은 1년 기준 60만원 정도였다. 공유오피스를 통해 사무실을 구하고, 실제 업무는 집과 카페에서 하였다. 집에서 업무를 처리하려다보니 노트북과 프린트가 필요했다. 그래서 120만원 정도의 노트북과 20만원 정도로 프린트를 구매하였다. 즉 200만원 정도의 자금으로 가맹거래사라는 나의 사업을 시작한 셈이다.

당차게 가맹거래사 업무를 시작하였으나 수익이 전혀 발생하지 않았다. 물론 사무실 유지비용 등과 같은 고정 지출이 거의 없으니, 수익이 적어도 견딜만 했다. 그러나 이러한 기간이 오래 지속되자 불안감이 몰려왔다.

내가 이 시간에 뭐라도 했으면 돈을 버는 건데 지금 일감을 기다리는 동안 돈을 못 벌고 있으므로 이 기회 비용이 나에게는 계속 지출이라는 생각이 나를 계속 불안하게 했다. 즉 하루라도 빨리 안정적인 수익을 만들어내야 했으며 그러기 위해서는 내가 직접 움직이고 뛰어야 하는구나를 깨닫게 되었다.

내가 처음으로 시도해본 것은 전단지였다. 정보공개서를 등록해야 하는 이유와 가맹거래사가 필요한 이유에 대해 전단지를 만들어서 상가가 많은 곳에 직접 돌려보았다. 그리고 프랜차이즈 사업을 할 때 정보공개서 등록이 반드시 필요하다는 내용으로 홍보 현수막을 제작하기도 하였다. 그러나 상담전화만 간혹 오는 정도였고 전단지 효과는 크지 않았다. 그러던 중 한 업체로부터 연락이 왔다. 그리고 그 업체가 나의 첫 번째 고객이 되었다.

클라이언트를 만나서 나름 프로페셔널하게 가맹본부 설립과 정보공개서 등록절차를 설명하였다. 서울에서의 업무경험이 큰 도움이 되었고 클라이언트 역시 내 설명에 만족하며 가맹본부 설립을 진행하고자 하였다. 또한 첫 업무이다보니 타 가맹거래사에 비해 저렴한 비용으로 진행해주겠다고도 하였다. 하지만 적정 수임료에 대한 나와 클라이언트의 의견 차가 발생하였다. 나는 내가 생각한 금액보다 적은 금액을 적정 수임료로 제시했는데 클라이언트는 그 마저도 비싸니 더 저렴한 금액의 수임료를 요청하였다.

당시 나는 큰 고민을 했다. 내가 생각한 수임료를 고집하면 업무 수임이 성사되지 않을 것 같고 금액을 낮추면 업무 수임은 되겠으나 장기적으로 보면 수익성이 낮아질 것으로 보였다. 적은 돈이라도 지금 당장의 수익을 만들어 내야 하는 시기였지만 금액을 낮추면 앞으로도 계속 클라이언트에게 끌려갈 것만 같았다.

가맹거래사의 수임료가 법으로 정해져 있지 않아서 거래 금액은 정하기 나름이다. 원가 개념이 없어서 수임만 하면 무조건 이익이라고 생각할 수 있다. 하지만 내가 생각한 금액과 클라이언트가 원하는 금액의 차이는 컸고 나는 지나치게 낮은 금액으로는 이 업무를 수임할 수는 없다고 생각했다. 그리고 첫 클라이언트부터 낮은 가격으로 업무를 수행하면 앞으로도 동일한 가격으로 진행해야 할 것 같다는 생각이 들었다. 그래서 나는 수임료를 낮추지 않았고 결국 업무 수임이 성사되지 않았다. 어쨌든 장기적인 레이스로 생각하자고 마음을 다잡았다.

실망할 시간도 없이, 곧 바로 다른 업체로부터 또 상담 전화가 걸려왔다. '그때처럼 수임료를 낮춰달라고 하면 어떻게 하지! 이번에는 낮은 수임료라도 업무 수임을 해야하나' 라는 생각이 들었다. 나는 수임료를 낮춘다는 마음이 아닌 보다 더 상세히 설명하고 자세히 안내해주자라는 마음으로 클라이언트를 대하기로 하였다. 다른 가맹거래사보다 더 저렴하게 해주겠다 클라이언트에게 어필하는 것이 아닌, 내가 제공할 수 있는 서비스 정도와 전문성으로 어필하니, 업무 수임이 쉽게 이루어졌다. 물론 내가 받는 비용이 다른 가맹거래사에 비해 비싸거나 하지는 않다. 하지만 신규 가맹거래사로서 비용을 낮추어 어떻게든 수임만 하자는 마음으로 접근할 수 있는데, 그런 식의 접근이 싫었던 것 같다.

그렇게 한두 개의 업체를 통해 가맹거래사로서의 실적을 만들어 냈고 나의 업무처리에 만족한 클라이언트가 다른 업체를 소개시켜 주는 식의 확장을 통해, 나에게 상담문의를 하는 업체가 점점 많아졌다. 그리고 경력이 쌓이고 실력이 점점 늘면서 단순히 정보공개서 등록해주는 일을 넘어서 가맹본부 설립을 위한 세부적인 지원업무도 하게 되었다. 예를 들어 가맹본부를 위한 매뉴얼을 만들어주고 가맹본부를 위한 홈페이지를 만들어주고 물류 및 유통구조를 설정해주는 업무까지 발전하게 되었다. 물론 이는 내가 끊임없이 공부하고 노력한 결과였고 장기적인 방향성을 갖고 가맹거래사로서 업무를 해나갔기 때문이라고 생각한다.

그리고 사업을 시작한 지 7~8개월 만에 새로운 기회가 찾아왔다. 소상공인시장진흥공단이라는 기관에서 소상공인을 위한 전문 컨설턴트로 내가 선정된 것이었다. 소상공인시장진흥공단의 컨설턴트로 선정되는 것은 쉬운 일은 아니다. 컨설팅 경력과 실적 그리고 자격사항을 보고 면접을 통해 공단의 컨설턴트로 위촉될 수 있었다. 당시 나는 경력과 실적이 다소 부족했지만, 젊은 열정으로 면접에 임하여서 그런지 정말 운이 좋게도 소상공인시장진흥공단의 컨설턴트에 위촉될 수 있었다. 소상공인시장진흥공단에서 컨설턴트로 활동하면서 소상공인 분들을 위해 가맹본부 설립, 가맹점 창업 상담, 가맹점주 상담 등을 진행하였다.

또한 온라인마케팅, 상권분석 및 입지진단, 경영현황개선 등에 대해 컨설팅 업무도 진행하면서 개인적으로도 많이 발전하게 되었고 컨설팅 수익도 창출은 물론 업무영역도 확장시킬 수 있었다. 그리고 소상공인시장진흥공단의 컨설턴트로 선정된 이후부터는 업무 능력을 인정받아서인지 다양한 기관 그리고 다양한 분야에서 컨설턴트 및 강사로 활동할 수 있었다. 현재는 신용보증기금, 경북경제진흥원, 경남신용보증재단 등 다양한 기관에서 컨설턴트로 업무를 수행하고 있다.

또한, 이러한 경험과 실적을 인정받아 소상공인시장진흥공단의 프랜차이즈 수준평가 심사원으로도 활동한 바가 있다. 프랜차이즈 수준평가 심사원은 우수프랜차이즈 브랜드를 발굴하고, 심사하는 업무였다. 이 프랜차이즈 수준평가 심사원 업무는 내가 가맹거래사를 처음 시작했을 때부터 해 보고 싶었던 일이었다.

심사원으로서 가맹본부의 수준을 진단하고 우수 프랜차이즈 여부를 결정하는 과정은 매우 전문성을 요구하는 일이기 때문이다. 그래서 심사원으로 선정되었을 때 프랜차이즈 업계에서 나의 전문성을 인정받았다는 생각에 정말 기뻤다. 짧은 시간 안에 이 자리까지 올 수 있었던 건 짧았지만 그간 열심히 노력한 덕분이라고 생각한다.

지금의 나

브랜드가 보이면 유심히 관찰

나는 다양한 기관에서 컨설팅 업무를 하면서, 여러 지역을 돌아다니면서 바쁘게 하루하루의 업무를 보내고 있다. 지금의 나는 어떤 일상을 보내고 있는지, 가맹거래사로서 나의 일상에 대해 자세히 이야기하려고 한다.

나는 대형카페에 가는 것을 참 좋아한다. 대구에서 가맹거래사 및 경영컨설턴트 활동을 하다 보니, 평소 대구, 경북 및 경남으로 미팅을 가는 외부 출장이 많다. 그때마다 그 지역의 유명한 대형카페를 방문해본다. 커피를 매일 달고 사는 수준이다보니, 커피를 마시러 가는 것도 있지만 내가 굳이 대형카페를 찾아가는 이유는, 나는 대형카페가 참 좋기 때문이다. 대형카페가 주는 넓은 공간감과 시야는 나를 왠지 모르게 기분 좋게 만들어 준다. 대부분 대형카페는 주말에는 사람이 많지만, 평일에 방문하면 조용하게 커피를 즐기면서 업무를 할 수도 있다. 외부 출장이 많은 업의 특성상 느낄 수 있는 취미가 아닐까 싶다.

또 하나의 취미는 상권을 돌아보는 일이다. 목적 없이 상가들을 보지는 않고 외부 출장을 가서 그 도시에 중심상권을 방문해보곤 한다. 상권을 한 바퀴 돌아보면서 상권 내에 입점한 업종과 브랜드를 살펴본다. 상권을 자주 돌다 보면 최근 유행하는 트랜드를 쉽게 이해하게 된다. 그리고 같은 업종간에도 최근 간판과 인테리어는 어떤 방식이 유행인지 느껴 볼 수 있다. 새로운 컨셉의 매장이 있거나 간판이나 인테리어가 잘 된 매장은 사진을 촬영해서 저장해두곤 한다.

이렇게 시간이 날 때 상가들을 둘러보면 트랜드에 대한 이해가 높아지고, 클라이언트를 만날 때도 할 수 있는 이야기가 많아진다. 그리고 가끔 상권에 안 맞는 업종이나 브랜드가 들어와 있을 경우에는 저 매장은 어떻게 운영될까 궁금해하면서도 어떤 방식으로 어떻게 운영하면 살아남을 수 있을까 생각해보기도 한다.

상권을 둘러보다가 가맹거래사 업무를 하며 알게 된 브랜드를 발견하면, 매장을 더욱 유심히 관찰하게 된다. 매장 인테리어와 메뉴 구성을 살펴보면서 그 브랜드의 가맹사업 전략을 어느 정도 파악할 수 있고, 가맹점주들이 매력을 느낄 만한 포인트도 엿볼 수 있다.

상권을 돌아다니며 브랜드와 매장을 관찰하다 보면, 프랜차이즈에 대해 새로운 점을 배우게 된다. 이렇게 한 바퀴 돌아보는 일은 나에게 유익할 뿐만 아니라 즐거운 취미로 자리 잡았다. 그리고 이 취미는 나에게 또 새로운 도전과 꿈을 만들어준다.

나의 도전과 꿈, 일상에 즐거움을 더하다

상권을 돌아다니며 매장을 둘러보면 여러 가지 생각이 떠오른다. '내가 운영한다면 이렇게 할 텐데', '인테리어는 이렇게 바꾸고 싶다'는 상상도 해보곤 한다. 그러다 보니 나도 내 이름을 건 가맹본부를 설립하고 프랜차이즈 사업을 하고 싶다는 꿈이 생겼다. 대부분의 프랜차이즈 시장이 외식업 중심이기에 나 역시 외식업 프랜차이즈 사업을 해야겠다는 생각을 많이 했다. 하지만 나는 요리에 대한 감각이 부족했다.

그래서 나에겐 항상 함께하는 사업 파트너가 있다. 나의 가장 가까운 사업 파트너는 친형이다. 친형은 나와 다르게 요리를 전문적으로 배웠고, 맛있는 음식을 뚝딱 만들어낸다. 우리는 닭발집, 맥주펍 등 여러 가게를 창업하며 다양한 도전을 해왔고, 지금도 함께 도전 중이다. 물론 코로나와 같은 여러 이유로 어려움을 겪고, 금전적 손실을 겪기도 하였다. 하지만 이 과정에서 현실은 이론과 다르다는 점을 크게 깨달았고 이 경험은 가맹거래사이자 컨설턴트로서 현실적인 부분을 이해하는 데 큰 도움이 되었다. 이러한 어려움은 나에게 또 다른 자산이 되었고, 프랜차이즈 사업에 대한 도전은 지금도 계속되고 있다.

이러한 도전은 가맹거래사의 일을 더욱 재밌게 해준다. 가맹본부 대표자들과 만나면 가맹거래사로서 가맹사업법 등에 대한 인사이트를 제공하지만, 나도 사업 아이템이나 새로운 운영방식 등에 대한 인사이트를 얻게 된다. 이러한 과정이 현재로서는 참 즐겁다.

가맹본부 설립을 위한 도전 외에도 나는 다양한 도전을 한다. 이러한 도전들은, 앞으로도 더 많은 일들이 나를 기다리고 있을 것 같고 가맹거래사로서 더욱 성장하고 있음을 느끼게 해준다. 이처럼, 성장의 밑거름이 되기 위해 나는 오늘도 다양한 도전을 하고 새로운 것을 배우고 있다.

새로운 것을 배운다는 것은 여러 의미가 있다. 특히 업무 영역 확장에 큰 의미가 있다. 나는 가맹거래사로 첫 발을 내디딘 후, 여러 자격증 시험에 도전하였고 여러 자격증을 취득하게 되었다. 현재로서는 경영지도사와 공인중개사를 같이 보유하고 있으며 이러한 자격증을 활용해 나의 업무에 시너지 효과를 높이고 있다.

현재 나는 경영지도사라는 자격사를 통해 프랜차이즈 외에도 소상공인과 기업을 대상으로 경영지도 및 마케팅 컨설팅을 진행하고 있다. 그 중에서도 최근 대표적으로 수행하고 있는 컨설팅은 온라인 마케팅 컨설팅과 폐업 컨설팅이다.

현재 많은 소상공인들이 온라인플랫폼을 통해 자신의 매장을 홍보하고 매장에 대한 정보를 제공하고 있다. 하지만 아직도 일부 소상공인은 온라인마케팅의 중요성을 인지하지 못하고 있거나, 중요성을 알더라도 어떻게 온라인 마케팅을 진행해야 하는지 모르고 있다. 단순히 맛과 가격으로 장사가 잘되는 시기는 이제 지났다. 물론 맛있고 가격이 괜찮아도 장사가 잘될 수는 있긴 하다. 하지만 그 열매를 얻기 전까지는 많은 시간이 걸리므로, 안정적인 매장 운영을 위해서는 온라인을 통한 홍보는 필수적이다.

따라서 나는 소상공인의 매출 및 수익향상을 위해 온라인 플랫폼을 활용한 온라인 마케팅에 대해 도움을 주고 있다. 네이버 스마트플레이스 세팅법, 키워드 도출, 리뷰 관리 등에서부터 배달 어플리케이션 입점 및 매출 활성화 방안 그리고 나아가서 온라인 광고 집행방법과 광고효과 검토방안까지 상세하게 안내를 해주고 있다.

사실 나도 온라인마케팅에 대해 잘 알지 못했다. 하지만 소상공인분들이 온라인 마케팅이 필요하다는 것을 알고, 학원을 다니고 유튜브를 보면서 온라인 마케팅의 방법을 알게 되었고, 지금은 이를 활용해 다양한 소상공인을 만나면서 컨설팅 업무를 수행하고 있다. 새로운 것을 배우고 도전하다보니 이러한 마케팅 지식을 얻게 되었고 이를 나의 업무에 활용하고 있다.

또 다른 주요 업무로는 소상공인시장진흥공단의 컨설팅 사업 중 하나인 폐업 컨설팅이 있다. 나는 폐업을 고려하거나 폐업을 결정한 소상공인에게 점포철거비용을 지원해주고 폐업 이후 재기 전략을 수립해주는 업무를 수행하고 있다.

아직도 폐업시, 소상공인시장진흥공단에서 폐업 관련 지원을 받을 수 있다는 사실을 모르는 분들이 소상공인이 많다. 일단 폐업을 하게 될 경우 왜 지원을 받아야 하는지에 대해 말해보겠다. 소상공인은 폐업 이후 임차로 사용했던 상가를 철거하여 원상 복구를 시켜야 하고 원상복구가 잘 되었음을 임대인이 확인하고 임대인에게 보증금을 반환 받는다. 상가를 원상복구하기 위해서는 철거업체를 불러서 간판부터 내부 인테리어까지 계약 이전 상태로 만들어야 하기 때문에 철거 비용이 발생한다. 장사를 하려고 비싼 돈을 들여서 인테리어를 해놨는데 결국 폐업할 때도 내 돈 들여 철거해야 한다는 것이다. 이럴 때 소상공인시장진흥공단에서 소상공인이 지출한 점포 철거비용을 지원해주고 있다. 2025년 기준으로 평당 20만 원 한도로, 최대 400만 원까지 지원해주고 있다. 나는 소상공인이 점포 철거비용을 원활하게 지원받을 수 있도록 서류검토 및 서류제출업무 지원 등의 컨설팅을 수행하고 있다.

그리고 철거비용 지원 외에도 폐업 이후 재기를 위한 다양한 도움을 제공하고 있다. 취업을 통한 재기를 하고자 하는 경우 취업 관련 교육을 안내해주고 취업 성공 수당을 받을 수 있도록 안내해준다. 취업이 아닌 재창업을 계획하는 경우 재창업 사업화 지원사업 등을 활용하여 소상공인의 재기를 위한 전문적인 컨설팅 업무를 수행하고 있다.

이 두 가지 업무 외에도 여러 기관에서 다양한 분야의 컨설팅 업무를 수행하고 있다. 나는 '백년가게' 평가 심사위원으로도 활동했으며, 전국의 전통시장의 수준 평가 업무도 진행하였다. 그리고 키오스크나 테이블오더의 도입을 고려하는 소상공인들에게 스마트

기술을 지도하는 스마트상점 컨설팅 업무도 수행하고 있다. 이처럼 나는 가맹거래사 외에도 다양한 분야에서 컨설팅 업무를 수행하고 있다.

컨설팅 업무를 수행하는 와중에도 더 나은 컨설턴트를 꿈꾸며, 유통관리사, 물류관리사 자격을 취득했고 가장 최근에는 신용상담사 자격사를 추가로 취득했다. 가맹거래사로서, 가맹점주를 많이 만나다보니, 대부분의 가맹점주가 매출 부진으로 가맹계약 해지 및 폐업을 고려하는 점주가 많음을 느꼈다. 장사가 잘 안되다보니, 대출을 받게 되고, 대출을 못 갚다보니 부채가 쌓이고 이러한 것이 또 다른 악순환을 가져오는 것을 지켜보았다. 그들에게 실질적인 위로가 되고, 보다 전문적인 도움을 주기 위해 신용회복위원회에서 주관하는 신용상담사라는 자격사를 취득하게 되었다. 이러한 배움과 노력은 조금이라도 더 나은 컨설턴트가 되어, 클라이언트에게 조금이라도 도움이 되길 바라는 마음에서 시작되었다.

또한 나는 끊임없이 무언가를 배우고 이를 통해 나의 업무영역을 확장하려 노력하고 있다. 가장 최근 업무영역을 확장한 것은 바로 ESG 컨설팅이다. ESG는 환경, 사회, 지배구조에 대해 기업의 비재무적 성과를 요구하는 경영철학이다. ESG에 대해 관심이 생겨, 이를 전문적으로 배우기 시작했고 지금의 나는 ESG 전문 컨설턴트로서 많은 기업들을 만나고 있다. 현재 중소기업의 ESG 경영 역량을 높여, 공급망 실사에 대응하기 위한 컨설턴트로 활동 중이다. 그리고 대구 환경청, 경산상공회의소, 계명대 등 다양한 기관에서 ESG 강의를 진행하기도 하였다.

ESG 경영은 글로벌 기업과 글로벌 기업과 거래하는 공급업체에게 매우 중요한 화두가 되고 있다. 다만 아직 프랜차이즈 업계에서는 ESG 경영을 준비하는 기업이 많지 않다. 하지만 나는 향후 프랜차이즈 업계에서도 ESG는 반드시 지켜야 할 철학이 될 것으로 본다. 아직 프랜차이즈 전문이 아닌 제조업이나 화학업체 위주의 기업들을 방문하여 ESG 컨설팅을 하고 있지만 2~3년 내에는 프랜차이즈 업계에도 ESG 컨설팅이 요구되는 시대가 올 것이며, 그 때 프랜차이즈 전문 ESG 컨설턴트로서 활동하는 내 모습을 그려보고 있다. 2~3년 내에 지속가능경영보고서, ESG 공급망 실사, 온실가스 배출량 환산 등 ESG 경영에 있어서, 나를 찾는 프랜차이즈 기업이 많아질 것으로 전망하고 있다.

가맹거래사의 비전

가맹거래사의 위상

사실 가맹거래사는 시장의 수요가 한정적이다. 이전에 언급했듯이, 가맹거래사를 찾는 수요는 다른 자격사들에 비해 적다. 하지만 가맹거래사는 '프랜차이즈'라는 고유한 업무 영역이 있는 자격사이다. 제네럴리스트보다는 스페셜리스트에 끌리기 마련이다. 프랜차이즈 사업에 있어서 전문가는 바로 가맹거래사이며, 이러한 고유 업무영역은 가맹거래사의 비전을 더욱 밝게 해줄 것이라고 확신하고 있다. 이게 내가 느낀 가맹거래사의 가장 큰 매력이다.

가맹거래사의 비전이 밝다고 생각하는 이유 중 하나는 2023년 11월 9일부터 시행된 새로운 법 때문이다. 가맹본부는 가맹희망자에게 정보공개서와 가맹계약서를 제공하고 14일의 숙고기간이 지나야 가맹계약을 체결할 수 있다. 가맹사업법에는 14일의 숙고기간을 단축시킬 수 있는 법이 존재한다. 하지만 기존의 법은 정보공개서의 경우에 한해서, 가맹거래사나 변호사의 자문을 받을 경우 숙고 기간을 단축할 수 있었다. 정보공개서와 같이 제공하는 가맹계약서는 숙고 기간 단축이 불가능하였다. 따라서 기존의 숙고기간 단축과 관련된 가맹사업법은 사실상 유명무실한 규정으로 여겨졌다.

하지만 2023년 11월 9일부터 가맹계약서 역시, 가맹거래사 또는 변호사의 자문이 있다면 숙고 기간이 7일로 단축될 수 있도록 법이 시행되었다. 따라서 앞으로 가맹계약 체결 과정에서 가맹거래사를 찾는 사람이 더욱 많아질 것으로 전망된다. 또한 정보공개서와 가맹계약서의 작성 방법이 점차 까다로워지고 있어, 가맹거래사의 필요성은 더욱 커질 것이다. 정보공개서가 복잡해질수록 가맹거래사의 업무가 어려워지기도 하지만, 실력 있는 가맹거래사라면 이러한 변화를 반기게 될 것이고, 나는 이러한 변화가 매우 반갑다.

프랜차이즈 시장은 지속적으로 성장하고 있다. 이제는 개인 브랜드가 프랜차이즈 브랜드와 경쟁하기 점점 더 어려워지고 있다. 프랜차이즈 시장이 발전할수록 가맹거래사의 위상은 커질 수밖에 없다고 생각한다. 그래서 오늘도 나는 가맹거래사라는 자부심을 갖고 이 길을 걸어가고 있다.

역량있는 가맹거래사가 되려면

가맹거래사 자격사를 취득한 뒤 서울로 상경하여 취업 면접을 볼 때였다. 첫 번째 질문이 "가맹사업법 제9조"에 관한 것이었다. 프랜차이즈 업계와 관련된 질문이 가장 먼저 나올 것으로 예상했는데, 법에 대한 질문이어서 당황했던 기억이 난다. 그래도 나는 가맹사업법 제9조는 '허위·과장된 정보제공 등의 금지'라는 법 조항임을 정확히 기억하고, 허위과장된 정보제공행위의 유형, 위반시의 처벌 등에 대해 명확하게 답변했다. 지금 돌이켜보면, 이 질문의 의도는 가맹거래사가 되기 위해 가장 먼저 길러야 할 역량은 다름아닌 '법적인 소양이다'라는 것을 알려주기 위함이었던 것 같다.

처음에는 가맹거래사가 변호사도 아니고 법적 소양이 얼마나 필요할까 싶었다. 하지만 시간이 지나면서, 가맹거래사는 가맹사업거래의 공정화에 관한 법률을 다루는 전문 자격사이므로 법적 소양이 필수적이라는 것을 깨닫게 되었다. 물론 상세한 법률 문제는 변호사에게 상담을 받아야 한다. 가맹거래사는 가맹사업법에 규정된 업무를 중심으로 가맹사업법에 근거하여 가맹사업 관련 상담을 하고 있다.

가맹거래사는 가맹사업법을 충분히 이해하고, 이를 바탕으로 가맹본부와 가맹점주에게 가맹사업에 대한 인사이트를 제공해주야 한다. 가맹거래사는 가맹사업법의 관점에서 상황을 철저히 분석하고 합리적인 솔루션을 제시할 수 있어야 한다. 따라서 법적인 소양은 가맹거래사에게 반드시 필요한 자질이다.

하지만 물론 법적인 소양으로는 충분하지 않다. 가맹거래사는 실무에 대한 이해 역시 높아야 한다. 정보공개서와 가맹계약서가 어떻게 제공되고 체결되는지 실무적인 과정을 이해하지 못한다면 클라이언트의 니즈를 충족시킬 수 없다. 법적인 것은 기본이고 이 법적인 테두리에서 클라이언트의 문제를 해결해주는 가맹거래사가 되어야 한다. 따라서 실무적인 경험은 가맹거래사로서 큰 자산이 될 것이고 실무적인 경험이 부족하다면 실무에 대해 이해하기 위한 부단히 노력해야 할 것이다.

마지막으로 가맹거래사는 프랜차이즈 업계에 대한 애정이 높아야 한다. 한마디로 이 일을 사랑해야 한다. 가맹거래사는 생각보다 진입장벽이 높다. 이는 시험문제가 어렵거나, 다른 전문자격사에 비해 업무 난이도가 높기 때문이 아니다. 안정적인 수익을 만들기 위해서는 오랜 기간이 소요될 수 있기 때문에, 진입장벽이 높다는 것이다. 나를 포함하여 지금 왕성하게 활동하는 가맹거래사들은 프랜차이즈 업계에 대한 애정으로 이 기간을 버텨냈을 것이다.

초기의 어려움을 버티다 보면 꼭 정보공개서 등록이라는 수입 외에도 가맹거래사로서 다양한 길이 보인다. 가맹거래사라는 자격사를 활용하여 관련 기관에 취업하거나 프랜차이즈 컨설턴트로도 활동할 수 있다. 즉, 프랜차이즈 업계에 대한 사랑과 관심이 있어야 초기의 어려움을 극복하고 다양한 길을 모색할 수 있다. 이러한 과정을 통해 비로소 훌륭한 가맹거래사가 될 수 있다.

가맹본부 운영을 위해 꼭 알아야 할 내용들

1) 정보공개서와 가맹계약서 등록부터

나를 찾는 사람들이 가장 먼저 묻는 질문은 "프랜차이즈 사업을 하려면 뭐부터 준비해야 하나요?"이다. 그때마다 나는 주저없이 "정보공개서부터 등록해야 합니다"라고 대답한다. 그렇다. 정보공개서의 등록이야말로 가맹사업의 시작이라 할 수 있다.

'정보공개서'란 가맹본부가 가맹 희망자에게 제공하는 문서로, 가맹본부의 일반사항, 가맹사업현황, 가맹점주의 부담, 영업 활동에 관한 조건과 제한 등이 기재된 문서이다. 가맹사업은 가맹사업에 관한 정보가 가맹본부에게만 편중되어 있는 일종의 '정보 불균형'이 존재한다. 정보의 불균형을 해소하기 위해 가맹사업에 관한 이러한 정보를 모두 공개하고 가맹희망자가 신중히 브랜드를 선택할 수 있도록 돕는 것이 '정보공개서'라는 제도의 취지다.

가맹점 창업을 통한 성공과 실패 여부는 개인의 인생에 막대한 영향을 미칠 수 있으며 이는 개인을 넘어 그 가족의 생계와도 직결되는 문제이기 때문에 가맹사업과 관련된 정보를 제공하는 정보공개서는 매우 중요한 문서이다. 이러한 이유로 공정거래위원회의 산하기관인 한국공정거래조정원과 일부 지자체에서 정보공개서의 등록 및 심사를 담당하고 있다. 가맹사업을 시작하기 위해서는 정보공개서를 작성하여 신청을 하고 위 등록기관의 심사를 거쳐 등록이 '완료'되어야 한다.

  대부분의 정보공개서는 약 40페이지로 되어 있으며, 정보공개서의 기재 항목은 대부분이 법으로 정해진 필수 항목들이다. 또한 기재 방법 역시 법으로 정해져 있다. 그러므로 가맹거래사와 같은 전문가를 통해 정보공개서를 등록하는 것이 좋다. 등록된 정보공개서는 한국공정거래 조정원의 가맹사업거래 사이트에 '정보공개서 열람' 화면에서 확인할 수 있다. 이때 가맹본부의 영업비밀에 해당되는 부분은 가림 처리가 되므로 가림 처리가 되지 않은 정보공개서를 받고 싶다면 가맹본부에 요청해야 한다. 물론 가맹본부가 모든 사람에게 정보공개서를 다 줄 의무는 없다. 정보공개서는 가맹본부가 '가맹희망자'에게 제공하는 문서이기 때문이다.

  정보공개서를 등록할 때 가맹계약서도 함께 등록한다. 가맹계약서는 온라인사이트에 공개되지는 않지만, 정보공개서와 가맹계약서 내용이 일치하는지 심사받기 위해 필수적으로 함께 등록하고 있다.

  정보공개서와 가맹계약서의 차이는 다음과 같다. 정보공개서는 가맹희망자가 가맹사업을 하기 위해 부담해야 하는 비용이나 가맹사업의 조건, 물품의 공급방식 등에 대해 기재되어 있는 문서이다. 그리고 가맹계약서는 그 조건이 당사자 간의 계약에는 어떻게 적용되는지에 대해 기재되어 있는 문서라고 말할 수 있다. 따라서 정보공개서와 가맹계약서는 일치하게 작성되고 있다.

  그렇다면 정보공개서와 가맹계약서를 등록하지 않으면 어떻게 될까? 가맹사업법 제35조(과징금)에는 정보공개서 제공 의무를 위반한 가맹본부에 대해 매출액의 2% 또는 5억 원 이하의 과징금을 부과할 수 있다고 명시되어 있다. 또한, 정보공개서를 제공하지 않고 가맹계약을 체결한 경우, 가맹점주는 가맹계약 일로부터 4개월 이내에 가맹금을 반환 요구할 수 있으며, 가맹본부는 이를 반환해야 한다.

이와 관련해 가맹사업에 대해 조금 아는 사람들이 자주 하는 착각이 있다. 바로 가맹점이 5개 미만인 경우에는 정보공개서를 제공하지 않아도 된다는 것이다. 그러나 이는 2021년 5월 가맹사업법 개정으로 이미 변경되었다. 이제는 가맹점이 1개만 있어도 정보공개서를 제공해야 한다. 즉, 가맹사업을 시작하려면 정보공개서와 가맹계약서를 반드시 공정거래위원회 또는 지자체에 등록해야 한다.

2) 가맹계약 체결 절차 숙고 기간 준수

앞서 정보공개서와 가맹계약서는 가맹계약 체결에 있어서 매우 중요한 문서임을 설명하였다. 이러한 중요성 때문에 가맹사업법에서는 가맹희망자에게 정보공개서와 가맹계약서를 충분히 읽어볼 수 있는 시간을 부여하도록 의무화하였다. 이것이 바로 "정보공개서 및 가맹계약서의 숙고기간"이다. 가맹본부는 가맹희망자에게 정보공개서와 가맹계약서를 제공한 뒤 14일이 지나지 않으면 가맹계약을 체결하거나 가맹금을 수령할 수 없다.

이 숙고기간 준수의무는 실제로 많은 가맹본부가 위반하는 항목 중 하나이다. 가맹본부는 이 14일의 기간 동안 가맹점주의 마음이 바뀔 것을 우려하여, 서둘러 계약을 체결하고 싶어한다. 가맹점주도 14일 시간을 경과시키지 않고 보다 빠르게 가맹점을 오픈하고 싶어 한다. 하지만 이 정보공개서와 가맹계약서의 숙고기간의 준수의무는 반드시 지켜야 하는 법이다.

하지만 종종 이런 질문들을 한다. '가맹점주가 빠르게 가맹계약을 체결하고 싶어 하는데 가맹점주만 동의하면 14일의 숙고기간을 지키지 않아도 되는 것 아닌가요?' 당연히 불가능하다. 가맹점주가 동의했다는 이유로, 숙고기간을 준수하지 않는 것은 정보공개서 등록 제도와 관련된 가맹사업법의 취지를 무색하게 하는 행위이다. 그러므로 반드시 14일의 숙고 기간을 준수해야 한다.

정보공개서 및 가맹계약서의 숙고기간을 준수하지 않을 경우 과징금이 부과되거나 가맹점주에게 가맹금을 반환해야 하는 경우가 발생할 수 있다. 따라서 가맹본부 입장은 어떤 일이 있어도 정보공개서와 가맹계약서를 제공한 뒤 15일이 지나고 나서 가맹계약을 체결하거나 가맹금을 수령해야 한다. 이 숙고기간 준수 의무는 매우 중요하므로 가맹본부는 정보공개서 수령확인증이라는 문서를 통해 가맹희망자가 언제, 어디서 정보공개서를 제공받았는지 기록하여 향후 발생할 수 있는 분쟁에 대비하여야 한다.

다만 보다 빠르게 가맹계약을 체결하고자 한다면, 가맹거래사나 변호사에게 자문을 받는 것도 좋다. 가맹사업법에 따르면, 가맹거래사나 변호사의 자문을 받은 경우 정보공개서와 가맹계약서의 숙고기간을 7일로 단축시킬 수도 있다. 따라서 가맹계약 체결을 보다 빠르게 하고 싶다면 가맹본부나 가맹희망자는 인근의 가맹거래사나 변호사에게 자문을 요청할 수 있을 것이다. 물론 가맹거래사나 변호사가 단순히 숙고기간 단축을 목적으로 자문을 하는 경우는 없다. 정보공개서와 가맹계약서를 한번 더 꼼꼼하게 검토해주어 보다 안전하게 가맹계약을 체결할 수 있도록 도움을 줄 것이다.

3) 가맹금은 반드시 예치계좌를 통해 수령

가맹계약이 체결되면, 가맹본부는 가맹희망자(가맹점주)로부터 가맹금을 받을 수 있다. 가맹금은 가맹비, 교육비, 계약이행보증금으로 구성되며, 가맹본부의 수익에 있어서 매우 중요한 부분을 차지한다. 가맹본부의 수익 창출은 가맹본부가 가맹사업을 영위하는 본질적인 이유 중의 하나이므로 가맹본부가 가맹금을 받는 것은 당연하다.

또한 가맹본부가 안정적인 수익이 뒷받침되어야 가맹사업을 위한 투자나 노력이 지속될 수 있다. 물론 가맹점의 공격적인 출점을 위해서 가맹금을 받지 않는 브랜드도 있다. 이러한 경우 가맹본부가 가맹금을 받지 않는 대신 다른 방식으로 수익을 창출할 것이다.

즉, 가맹본부는 가맹금을 받아야만 한다. 하지만 가맹본부는 가맹금을 직접 받을 수는 없다. 여기서 "직접 받을 수 없다"라는 말은 가맹본부가 가맹희망자로부터 가맹금을 직접 수령하는 것이 아니라 "가맹금 예치"를 통해 수령해야 한다는 의미다. 가맹사업법에는 "가맹본부는 가맹희망자에게 가맹금을 수령할 때 반드시 가맹금을 예치제도를 이용해야 한다"고 명시되어 있다.

이 제도는 가맹본부가 가맹점주로부터 가맹금을 수령하였는데도, 가맹점 오픈 준비를 소홀히 하여 가맹희망자가 피해를 보는 것을 방지하기 위해 만들어진 법이다. 가맹본부는 가맹점주의 영업준비가 잘되어 영업 개시를 할 수 있을 때, 예치기관으로부터 예치가맹금을 수령할 수 있다. 이 가맹금 예치는 가맹사업법으로 정해진 의무사항이며 가맹금을 예치하지 않고 직접 수령하는 경우 과태료 또는 과징금 또는 가맹금의 반환 조치 등에 취해질 수 있으므로 반드시 법을 준수하여야 한다.

가맹금 예치 계좌는 국민은행, 기업은행, 농협(중앙회), 우체국, 신한은행, 하나은행, 우리은행 등에서 개설할 수 있으며, 이러한 기관을 가맹금 예치기관이라 부른다. 각 가맹금 예치기관마다 준비서류와 개설절차의 차이가 있을 수 있으므로, 방문 전에 예치계좌 개설을 위한 필요 서류 및 절차를 확인하는 것이 좋다.

다만, 대부분의 은행 직원분들 가맹금 예치계좌 제도에 익숙하지 않은 경우가 많다. 자주 다루는 업무가 아니다 보니, 가맹본부가 예치계좌를 개설하러 왔다고 했을 때 적절한 안내를 받지 못하는 경우가 많다. 따라서 인터넷 검색을 통해 가맹금 예치기관(은행)에게 어떤 서류를 제출하고 어떤 서류를 받아 와야 하는지 확인하고 방문할 필요가 있다.

물론 가맹금을 예치하지 않고 가맹점주 피해보상보험 계약을 체결하는 경우도 있다. 하지만 실무적으로는 대부분의 가맹본부가 가맹금 예치계좌를 통해 가맹금을 수령하고 있다.

가맹점주가 예치절차를 생략하고 가맹금을 직접 입금하고 싶어하는 경우도 있다. 하지만 가맹본부가 가맹금을 예치하지 않고 직접 수령할 경우 가맹점주의 요청이 있더라도 가맹본부는 법을 위반한 셈이 된다. 그러므로 가맹본부는 가맹점주에게 가맹금 예치계좌의 취지와 제도를 충분히 설명하여 가맹금을 반드시 예치할 수 있도록 해야 한다.

4) 가맹계약은 신중하게

가맹본부가 초기에 가맹사업을 진행할 경우 가맹거래사로서 초기 가맹본부에게 꼭 해주는 조언이 있다. '바로 좋은 게 좋은 거다' 라는 마음은 넣어두라는 것이다. 가맹본부도 초기에 사업을 시작하다 보면, 1개의 가맹점이라도 오픈하려는 마음에 가맹점주에게 지나치게 맞춰주는 경향이 있다. 가맹비, 교육비, 계약이행보증금 면제는 물론 로열티까지 받지 않는 등 가맹계약 조건 등에 있어서 가맹점주에게 최대한 맞춰주고자 하는 경우가 있다. 그러나 가맹본부 입장에서는 한 개의 가맹점이 오픈되더라도, 챙겨야 할 것이 매우 많다. 그리고 가맹 점주가 가맹본부에게 바라는 것 역시 매우 많을 것이다. 따라서 가맹본부가 가맹희망자에게 "좋은 게 좋은 것이다"라는 마음으로 가맹계약을 체결하면 가맹본부도 점차 지치고 이로 인해 갈등이 발생할 수도 있다. 그러므로 가맹본부는 장기적인 시각을 가지고 예비 가맹점주와의 가맹계약을 신중하게 체결해야 한다.

가맹본부가 가맹계약을 신중하게 체결하는 데 있어서 반드시 고려할 점이 하나 더 있다. 바로 '영업지역 설정'이다. 대부분 초기 가맹본부는 최초 오픈하게 되는 가맹점주에게 과도하게 넓은 영업지역을 보장해주는 경우가 있다. 그러나 지나치게 넓게 영업지역을 보장해주면 향후 가맹사업을 확장하는 데 큰 어려움을 겪을 수 있다. 한번 넓게 보장된 영업지역은 다시 조정하기 쉽지 않다. 가맹사업법에는, 가맹점주에게는 가맹계약의 갱신요구권이 존재하기 때문이다. 가맹점주는 10년 동안은 기존 가맹계약과 동일한 조건으로 가맹계약을 갱신할 것을 가맹본부에게 요구할 수 있고 가맹본부는 정당한 사유 없이 이를 거절할 수 없다.

따라서 "일단 가맹계약을 체결해놓고 나중에 계약서를 바꿔야지"라는 생각은 현실과는 크게 다를 수 있다. 그러므로 가맹본부 역시 가맹계약을 신중하게 체결해야 한다.

5) 가맹사업의 시작은 전문가와 함께

가맹사업은 단순히 매장을 하나 더 오픈하는 개념이 아니다. 기존에 운영하던 사업과는 완전히 다른 형태의 사업으로, 정보공개서 등록, 가맹계약서 작성, 가맹계약 체결과 같은 법적 절차를 철저히 이행해야 한다. 또한, 가맹점주가 브랜드의 통일성을 유지하며 매장을 안정적으로 운영할 수 있는 시스템을 구축해야 한다. 이 과정에서 가맹사업에는 다양한 전문가들의 도움이 필요하다.

가맹사업을 시작하려면 가맹사업법 외에도 다양한 부분을 고려해야 한다. 우선 상표권 문제를 검토해야 한다. 상표권 출원을 통해, 사용하고 있는 영업표지에 대한 권리를 확보해야 안정적인 가맹사업이 가능하다. 김밥천국의 사례를 생각해보면 상표권을 가진다는 것이 얼마나 중요한 일인지 잘 알 수 있을 것이다. 이러한 상표권의 문제에 대해서는 변리사의 자문을 받는 것이 바람직하다.

추가로 외식업의 경우 모든 가맹점에서 동일한 맛을 부여하기 위해 가맹본부가 특제 소스를 공급하는 경우가 있다. 이 과정에서 식품 관련 허가 문제가 생길 수 있다. 원칙적으로 가맹본부는 소스를 공급할 때 식품제조 가공업을 취득하여 소스를 공급해야 한다. 하지만 초기 가맹본부가 비용적인 부담으로 인해, 종종 즉석식품제조가공업을 취득하여 소스를 공급하는 경우도 있다. 하지만 이는 원칙적으로는 허용되지 않는다. 따라서 가맹본부가 가맹점에게 물품을 공급할 때, 식품 인허가에 대한 부분을 고려해야 하고 식품 인허가 취득의 문제는 행정사 등의 자문을 구해야할 것이다.

　가맹점 모집을 위한 마케팅과 관련해서도 전문가의 도움은 필요할 수 있다. 기존의 내 매장을 홍보하는 것과 나의 브랜드를 홍보하여 가맹점을 모집하는 마케팅은, 마케팅의 전략과 목표타겟 등에서 큰 차이가 있을 수 있다. 그러므로 마케팅 역시 전문가의 도움이 필요하다.

　프랜차이즈 전문가인 가맹거래사는 이러한 모든 과정을 총괄하며 각 분야의 전문가와 협력해 종합적인 솔루션을 제공하곤 한다. 상표권 출원부터 식품 인허가 문제, 마케팅 전략 수립까지, 가맹거래사는 초기 가맹사업의 복잡한 문제들을 체계적으로 정리하고, 필요한 전문가를 연계해 안정적인 가맹사업이 이루어지도록 도와준다. 따라서 초기 가맹사업은 반드시 전문가의 도움을 받아 체계적으로 준비하는 것이 가맹사업 성공의 지름길이라 할 수 있다.

가맹점 창업을 위해
가맹점주가 살펴봐야 할 주요 내용들

1) 정보공개서와 가맹계약서 확인은 필수

　지금까지 가맹본부 입장에서 가맹사업을 하기 위해, 정보공개서와 가맹계약서를 등록하고 제공하는 것의 중요성을 이야기하였다.

하지만 가맹희망자 입장에서도 이 정보공개서와 가맹계약서는 매우 중요하다. 가맹점을 창업하는 데 정보공개서와 가맹계약서를 꼼꼼히 읽어보지 않는 것은, 집을 매입할 때 실제 집도 안 보고 구매하는 것과 같다. 아니, 오히려 더욱 리스크가 큰 행위라 할 수 있다.

정보공개서는 다양한 내용을 포함하고 있다. 그 중에서 본 가맹거래사는, 정보공개서의 많은 내용 중에서 다음과 같은 4가지는 필수적으로 확인해볼 것을 권장한다.

① 가맹본부의 사업 역량

가맹본부가 사업을 얼마나 안정적이고 체계적으로 운영해왔는지는 창업 성공 가능성을 판단하는 중요한 지표다. 이는 정보공개서에 기재된 여러 항목을 통해 확인할 수 있다. 특히, [사업 경력]은 가맹본부의 사업 운영 경험과 역량을 보여주는 핵심 요소로, 가맹본부가 그동안 쌓아온 운영 노하우와 전문성을 평가할 수 있는 중요한 기준이다.

또한, 현재 운영 중인 가맹점 수와 직영점 수를 확인하는 것도 매우 중요하다. 가맹점 수는 브랜드의 확장성과 시장에서의 입지를, 직영점 수는 현장 운영 경험과 실제 고객 응대 노하우를 반영한다. 일반적으로 사업 경력이 길고 직영점을 운영하는 기업일수록 체계적인 운영 시스템을 갖추고 있으며, 성공적인 가맹점 지원 능력을 보유하고 있을 가능성이 크다.

정보공개서에는 가맹본부의 매출액 규모, 계열회사 및 특수관계 회사, 임원의 사업 경력 등 가맹본부의 일반 현황이 포함되어 있다. 이러한 항목들은 가맹본부의 재무적 안정성과 경영 능력을 확인하는 데 중요한 자료다. 가맹본부는 역시 하나의 기업체이므로, 가맹본부가 전체적인 경영 능력을 갖추고 있는지를 평가하는 것은 안정적인 창업에 있어서 매우 중요하다.

가맹본부의 사업 역량을 충분히 검토하지 않고 가맹점을 창업하는 것은 큰 리스크를 감수하는 행위다. 예를 들어, 가맹본부의 재정적 불안정이나 지원 능력 부족으로 인해 가맹점 운영이 어려워질 경우, 이는 가맹점주에게 심각한 피해를 초래할 수 있다. 따라서 가맹본부의 역량을 면밀히 분석하고 정보공개서의 세부 내용을 철저히 확인하는 것은 성공적인 창업을 위한 필수적인 과정이다.

② 가맹점주의 투자내역

가맹점을 창업하기 위해서는 다양한 비용이 발생된다. 이 비용의 세부내역은 정보공개서에 명확히 기재되어 있다. 가맹점을 창업하게 되는 과정에서 지급해야 하는 최초 가맹금은 얼마인지, 이는 동종업종과 비교하여 적절한 수준인지, 교육프로그램 구성에 비해 교육비가 과도한 것은 아닌지를 꼼꼼하게 검토해봐야 한다.

또한 정보공개서에는 인테리어비용, 시설 및 설비비용, 초도물품 비용 등에 대한 가이드라인이 제시되어 있고, 해당 품목들의 공급처 정보와 공급처 선택의 자율성에 대한 부분도 기재되어 있다. 따라서 위 금액이 합리적인지, 공급처는 믿을만한지, 가맹점주가 공급처를 자유롭게 선택할 수 있는지도 확인하는 것이 중요하다.

더불어 정보공개서 내에 "영업 중의 부담"이라는 항목에는 가맹점 운영 과정에서 지급해야 하는 로열티나 상표 사용료가 기재되어 있다. 로열티나 상표 사용료는 어느정도 수준이며, 그 금액의 산정 기준은 어떻게 되는지 그리고 동종업계와 비교했을 때 적정한지 역시 꼼꼼히 비교 분석해봐야 할 내용이다. 또한 가맹점의 성공적인 운영을 위해 가맹본부가 지원해주는 내역이 있는지, 가맹점 계약을 갱신할 때 발생되는 갱신비용 등과 같은 부분이 있는지도 정보공개서에 잘 기재가 되어 있으니 정보공개서를 꼼꼼히 읽어보는 것은 아무리 강조해도 지나침이 없을 것이다.

③ 영업 지역 확인

정보공개서에 기재된 '영업지역'은 가맹점 창업에서 반드시 확인해야 할 중요한 요소다. 영업지역은 가맹점이 위치한 일정 범위 내에서 가맹점주에게 독점적인 영업권을 보장하는 조건을 의미한다. 이 조건은 가맹점의 안정적인 운영을 위해 매우 중요하며, 정보공개서에서 반드시 꼼꼼히 검토해야 한다.

영업지역이 지나치게 좁게 설정될 경우, 동일 브랜드의 매장이 가까운 곳에 다수 출점하는 상황이 발생할 위험이 있다. 이는 매출 분산으로 이어질 수 있으며, 가맹점 운영의 수익성을 크게 저하시킬 수 있다. 예를 들어, 본인의 매장 근처에 동일 브랜드의 가맹점이 추가로 생긴다면, 고객 유입이 감소하거나 특정 시간대에 매출이 집중되는 문제를 겪을 수 있다.

최근에는 배달 판매가 활성화됨에 따라, 배달 판매와 관련된 영업지역 이슈도 고려해야 한다. 배달 플랫폼을 통한 판매 시, 인근 가맹점과 배달 지역이 겹칠 가능성이 있으며, 이로 인해 발생할 수 있는 문제를 사전에 파악해야 한다. 배달 지역 조정과 관련된 가맹본부의 정책이나 해결 방안이 명확히 마련되어 있는지도 확인하고, 필요한 경우 가맹본부와 협의하는 것이 중요하다.

④ 인근 가맹점 현황 문서 검토

정보공개서에서 반드시 확인해야 할 또 다른 중요한 항목은 '인근 가맹점 현황 문서'다. 이 문서는 대부분 정보공개서의 후단에 첨부되어 있으며, 창업을 희망하는 장소 주변에 위치한 10개 가맹점의 주소와 연락처 등이 기재되어 있다.

인근 가맹점 현황문서를 확인하여 해당 가맹점을 방문해보거나 가맹점주에게 문의하는 방법을 통해 가맹본부의 사업 역량과 가맹본부의 가맹점 운영방식, 가맹점과의 소통방식 등에 대해서 구체적으로 확인해볼 수 있다. 이러한 과정을 통해 해당 브랜드를 선택했을 때의 성공 가능성을 보다 객관적으로 판단할 수 있을 것이다.

지금까지 정보공개서를 통해 확인해야 할 4가지 주요 항목에 대해 이야기했다. 그러나 가맹계약을 체결할 때 정보공개서만 꼼꼼히 검토해서는 부족하다. 정보공개서와 함께 제공되는 가맹계약서 역시 반드시 자세히 검토해야 한다.

가맹계약서에는 가맹계약 기간, 계약 종료 시 조치, 위약금 및 손해배상 조건 등이 명시되어 있다. 이러한 조항들을 확인하며, 가맹본부에게만 유리하게 작성된 부분이 있는지, 불공정한 거래 행위가 포함되어 있지는 않은지 세심하게 살펴보아야 한다. 또한, 가맹본부의 귀책 사유로 인해 발생한 가맹점 손실을 보상하는 조항이 있는지, 가맹본부의 가맹사업 중단 시 가맹점에 대한 조치 내용이 적절히 포함되어 있는지도 확인하는 것이 중요하다.

특히, 가맹계약 체결 전에 본인의 특수한 상황이나 요구 조건이 있다면 이를 가맹본부와 협의할 수 있는지, 필요한 경우 특약 사항을 통해 별도로 명시할 수 있는지도 검토해야 한다. 이러한 협의와 조정은 계약 체결 이후 발생할 수 있는 분쟁을 사전에 방지할 수 있는 핵심적인 단계다.

정보공개서와 가맹계약서를 검토하는 과정에서 어려움을 겪거나 세밀한 분석이 필요한 경우, 가맹거래사의 도움을 받는 것도 좋은 방법이다. 전문가의 도움을 통해 가맹본부 선택의 리스크를 줄이고, 성공적인 창업으로 나아갈 수 있는 기반을 마련할 수 있다. 인근의 가맹거래사에게 정보공개서와 가맹계약서의 검토를 의뢰하면 보다 세밀한 분석을 통해 여러분들의 성공적인 창업에 도움을 줄 것이다.

2) 가맹본부와 협의사항은 문서로 기록

가맹점 창업에 관심을 가지게 되면 가맹본부와 상담을 통해 다양한 제안을 듣게 된다. 이 과정에서 가맹본부의 달콤한 말에 현혹되어 가맹계약을 성급히 체결하는 경우가 종종 있다. 최근에는 가맹사업에 대한 규제가 강화되고 가맹본부의 공정성도 높아졌지만, 과거에는 "일단 계약부터 체결하자"는 태도로 접근하며 가맹점주가 혹할 만한 제안을 남발하는 가맹본부도 많았다.

그러나 어떤 계약에서든 중요한 것은 "말"이 아니라 "문서"다. 말로만 전해진 내용은 확인할 수 없고, 분쟁이 발생할 경우 증거로도 인정되지 않는다. 따라서 가맹본부와의 상담 과정에서 나온 제안이나 협의사항은 반드시 문서(서면)로 기록해 두어야 한다. 최소한 문자메시지와 같은 방식으로라도 명확하게 남겨야 한다.

특히 매출액과 관련된 설명을 받을 때 서면자료는 더욱 중요하다. 가맹사업법에 따르면 가맹본부가 가맹희망자에게 예상 매출액, 수익 등에 대한 정보를 제공하는 경우 반드시 서면으로 제공하기로 되어 있다. 또한, 가맹점이 100개 이상인 브랜드의 경우, 가맹본부는 예상매출액산정서라는 문서를 가맹희망자에게 제공하도록 법으로 의무화되어있다. 따라서, 가맹희망자는 매출액에 관한 정보를 구두로 듣는 것이 아닌, 반드시 서면자료로 받아야 하며, 이 자료를 토대로, 계약 체결 여부를 신중히 검토해야 한다.

  이처럼 매출액과 관련된 정보를 서면으로 제공하도록 규정한 이유는, 가맹본부가 매출액을 과장하거나 수익을 부풀려 제시하는 경우 가맹희망자가 입을 수 있는 피해를 방지하기 위함이다. 실제로 일부 가맹본부는 계약 체결을 위해 사실과 다르게 정보를 제공하거나 과장된 내용을 제시하는 사례가 있으며, 이러한 행위는 가맹점주에게 심각한 손실을 초래할 수 있다. 이를 막기 위해 가맹사업법은 허위·과장된 정보 제공 행위를 명확히 금지하고 있으며, 이는 가맹사업법에서 가장 엄격히 처벌하는 조항 중 하나다.

  다시 강조하자면, 가맹본부와의 상담 과정에서 논의된 모든 정보와 계약 조건을 반드시 문서로 기록해 두어야 한다. 특히 매출과 수익에 관한 정보는 서면으로 명확히 받아 체계적으로 보관함으로써, 불필요한 분쟁을 예방하고 공정한 계약을 체결할 수 있도록 해야 한다.

가맹거래사로서의 다짐

　이 책은 가맹거래사로서 내가 걸어온 길, 그 과정에서 겪었던 도전과 배움, 그리고 이를 통해 얻은 성장의 이야기를 담고 있다. 이 책을 읽는 독자들이 가맹거래사가 단순히 법적 자문을 제공하는 직업이 아니라, 프랜차이즈 업계에서 공정성과 투명성을 지키는 데 꼭 필요한 존재라는 것을 이해할 수 있기를 바란다.

　가맹거래사의 업무는 정보공개서와 가맹계약서 작성에서 시작해, 가맹본부와 가맹점주 간의 분쟁 조정, 법률 자문, 그리고 가맹사업 전반에 대한 컨설팅까지 그 범위가 매우 광범위하다. 나 역시 이러한 업무를 수행하며, 가맹본부와 가맹점주가 상생할 수 있는 길을 찾아내는 것이 얼마나 중요한지를 매 순간 깨닫고 있다. 특히, 프랜차이즈 업계가 지속적으로 성장하기 위해서는 가맹거래사의 역할이 더욱 중요하다는 점을 강조하고 싶다.

　이 책에서 다룬 다양한 경험은 단순히 나의 개인적인 이야기에 그치지 않는다. 프랜차이즈 업계에 종사하거나 관심을 가진 독자들에게 실질적인 교훈과 통찰을 제공하고자 했다. 가맹거래사는 프랜차이즈 사업의 성공을 돕는 것뿐만 아니라, 공정한 시장 질서를 유지하고 가맹점주의 권익을 보호하는 데 있어 핵심적인 역할을 담당한다. 이러한 과정에서 겪었던 여러 시행착오는 나를 더욱 단단하게 만들어 주었고, 이 분야에서 전문성을 쌓는 밑거름이 되었다.

결국, 이 책은 가맹거래사라는 직업을 단순히 소개하는 데 그치지 않길 바란다. 가맹본부와 가맹점주가 각자의 위치에서 성공하기 위해서는 서로의 역할과 책임을 명확히 이해하고, 신뢰를 바탕으로 거래 관계를 유지하는 것이 중요하다는 점을 전하고자 한다. 이 책이 가맹거래사의 역할을 이해하는 데 도움이 될 뿐만 아니라, 이 분야에서 어떤 기회와 도전이 존재하는지를 느낄 수 있는 계기가 되기를 바란다. 또한, 프랜차이즈 사업을 시작하거나 확장하려는 이들에게 유용한 길잡이가 되었으면 한다.

책을 통해, 가맹본부와 가맹점주가 각각 주의해야 할 사항들도 함께 다루었다. 가맹본부는 정보공개서와 가맹계약서를 철저히 준비하고, 법적 요구 사항을 준수하며, 가맹점주와의 신뢰를 바탕으로 공정한 거래를 유지해야 한다. 반면, 가맹점주는 제공받은 정보와 계약 조건을 꼼꼼히 검토하고, 자신에게 유리한 조건인지 신중히 판단해야 한다. 이러한 주의사항을 숙지하고, 가맹거래사의 조언을 적극 활용한다면 더욱 안정적이고 성공적인 프랜차이즈 사업을 운영할 수 있을 것이다.

나 역시 앞으로도 더 나은 가맹거래사가 되기 위해 끊임없이 노력할 것이다. 특히, ESG와 같은 전문 분야에서도 새로운 도전을 이어가며, 변화하는 시장 환경에 발맞춰 발전해 나갈 것이다. 가맹거래사로서 프랜차이즈 업계의 공정성과 투명성을 지키는 데 앞장서겠다는 다짐을 이 자리에서 다시 한 번 새긴다.

마지막으로, 가맹거래사라는 직업에서 내가 얻은 가장 큰 교훈은 이 일이 단순히 법적 자문을 제공하는 것을 넘어서는 '사람을 돕는 일'이라는 점이다. 가맹점주와 가맹본부가 공정한 계약을 통해 상생할 수 있도록 돕는 것, 그것이야말로 가맹거래사의 진정한 가치다. 이 책이 가맹거래사의 길을 걷고자 하는 이들에게, 그리고 프랜차이즈 사업을 준비하거나 운영하는 모든 이들에게 작지만 큰 도움이 되기를 진심으로 바란다.

에필로그

  이 책에서는 가맹거래사라는 직업에 대해, 그리고 내가 이 길을 걸어오며 느끼고 배운 것들을 솔직하게 담아보았다. 가맹본부와 가맹희망자 입장에서 꼭 고려해야 할 사항들을 가맹거래사로서의 시각에서 정리해보았다. 가맹사업법과 관련된 내용은 다소 딱딱하고 흥미롭지 않을 수도 있겠지만, 공정한 가맹사업의 발전을 바라는 마음에서 꼭 포함해야 한다고 생각해 기재하게 되었다. 혹시 책에 기재된 가맹사업법 내용과 관련해 궁금한 점이 있다면 나의 메일로 연락을 주면, 답변해드리고자 한다.

  프랜차이즈 업계는 수많은 사람들의 노력과 열정이 만들어낸 결실이다. 가맹본부와 가맹점주 모두가 각자의 자리에서 최선을 다하며 가맹사업의 성장을 이끌어가고 있음을 잘 알고 있다. 이러한 업계에 몸담고 있는 모든 분들께 깊은 감사의 마음을 전하고 싶다.

  물론 가맹본부입장에서나 가맹점주의 입장에서나 가맹사업의 여정은 때로는 복잡하고 쉽지 않을 수 있다. 하지만 도움을 줄 준비가 되어 있는 가맹거래사들이 곁에 있음을 기억하며, 필요한 순간에 문을 두드려 주기를 바란다. 가맹사업의 성장과 발전을 위해 노력해주시는 모든 분들에게 감사의 마음을 전하며, 함께 힘을 모아 가맹사업의 밝은 미래를 만들어가길 바래본다.

Part 4.
프랜차이즈 창업으로
모두가 행복한 세상 만들기

오재균

대학에서 식품영양학을 전공한 뒤 주식회사 나산 샹제리제컨벤션 양식부에 입사했다. 1995년 프랑스 파리 유학길에 올랐으나 프랑스 내 정권교체로 인한 외국인 일자리 문제에 타격을 받아 유학길을 접고 본국에 돌아와 '땜므땜므'를 창업하고 2001년 프랜차이즈로 16개 점을 개설했다. 2015~2018년 배달삼겹 '집으로삼겹' '직구삼' 을 이어서 런칭하여 37개 프랜차이즈를 개설. 2017년 모두여는세상 법인 대표이사에 취임했고 2019년 직화삼겹 직구삼 65개, 2020년 직구삼 유병재 모델 방송3사 CF 송출, 2021년햄지, 히밥, 아미아미 유튜브, 2023년 모두웰푸드 축산 울 공장을 설립하며 외식 사업 시장을 확장해나가고 있다. 그 외 2003년 음식전문 책자 '드림온애드'를 발행하여 10년간 약 1,000만부를 발행했다. 경주대학 관광대학원에서 조리학박사를 취득했고 조리명인, 육류명인, 한식대가선정 수상으로 배달의 민족 대상 요기요 대상, 식품안전처장상, 농수산식품장관상, 인천교육감 감사패를 받았다.

세계적인 요리사를 꿈꾸며, 프랑스 파리로

저의 꿈은 요리사입니다

중학교 시절 어느날, TV를 보다가 신라호텔 서상호 총 주방장님에 대한 영상을 보게 되었다. 서상호 주방장님은 먹고살기 힘들어서 중학교 졸업하자마자 공장에 취직을 했다고 한다. 그러다가 신라호텔에 입사했고, 반복되는 주방 생활과 허드렛일이 적성에 맞지 않고 힘들기만 하다고 느껴졌다고 한다. 그러다가 군대를 마치고 주방에 다시 복귀했을 때 요리에 대한 생각이 달라졌다고 한다. TV에서 서상호 주방장님이 하신 말씀이 아직도 기억이 난다.

"사람들은 요리가 천직이라든지, 적성에 맞아서 선택했다는 말들을 하죠, 글쎄, 내 생각은 달라요. 어떤 직업이나 내가 그 직업을 만들어가야 한다고 생각해요. 물론 요리를 하다보니 재미있고 좋아하는 일이 돼버린 것도 있어요."

이 이야기를 들으면서 내가 선택한 직업에 불만을 가지지 말고 그 직업을 하면서 최대한 내가 좋아 하는 직업으로 만들어 나가겠다는 마음가짐을 배우게 되었다. 또한 '재능은 타고 나는 것이 아니라 만들어가는 것이다' 라는 생각을 갖게 되었다.

주방 일이 힘들어서 시간을 내기 쉽지 않을텐데, 뒤늦게 주경야독으로 오산전문대를 거쳐 초당대학에서 저와 함께 석사학위를 취득하셨다. 밤잠 안자고 요리를 연구하고 연구해서 요리경연 국제대회도 수없이 참가했다.

또 서상호 주방장님이 하신 말씀 중에서 "나에게 요리는 명품을 만드는 것과 동일합니다"라는 말에도 감동을 느끼고 기억을 하고 있다. 하나의 명품요리를 만들기 위해서 좋은 원료, 좋은 기술과 좋은 마케팅 등 하나하나 세심하게 쌓은 노력의 결실이라는 생각을 갖게 되었다. 그리고 한국 쉐프가 만든 한국 정서가 담긴 요리로 세계를 평정하고 싶다는 말씀은 저에게 큰 감명을 주셨다.

언론 영상으로 접했던 서상호 주방장님이 나에게 꿈을 던져주셨다면, 나의 꿈을 실현하는 데 도와주고 이끌어주신 분은 나의 멘토 안효찬 주방장님이시다. 안주방장님은 제가 첫 직장에서 만난 최고의 쉐프였고 제 요리 인생의 나침반 같은 존재이다. 늘 솔선수범하고 최선을 다하는 자세는 저에게 큰 영감을 주었고 지금도 서로 연락을 주고받는 소중한 관계를 이어가고 있다.

학창 시절에는 동강대 정두례 교수님께서 매우 재미있게 요리의 이론과 실기를 가르쳐 주셨고, 첫 직장에서는 유병주 조리사님과 안효찬 조리장님께 요리사의 시작과 심도 깊은 조리법을 배울 수 있었다. 이때 배운 스테이크와 피자를 지금의 아내와 교회 청년들에게 대접하면서 나의 요리 꿈이 실제로 이루어질 수 있다는 것을 느끼게 해주었다.

요리사가 되는 길은 정말로 쉽지 않은 도전이었다. 남들과 다르게 연휴나 휴일에 열심히 일해야 하고 평일에 쉬는 것이 소상공인 및 자영업자에게는 사치라고 할 수 있다. 그러나 힘든 근무 환경 속에서도, 음식을 통해 누군가에게 행복과 즐거움을 줄 수 있다는 점은 저에게 정말 큰 보상을 준다.

내가 사랑하는 요리를 통해 친구들과 가족, 그리고 많은 이들에게 특별한 순간을 선사할 수 있는 일이 제겐 가장 큰 기쁨이다. 이 긴 여정 속에서 저를 지원해 주신 모든 분들과 제가 이룰 수 있는 것들에 대해 진심으로 감사하게 생각한다. 요리사의 꿈은 단순한 직업이 아닌 삶의 의미를 나누는 소중한 과정임을 매일 매일 깨닫고 있다.

매 순간 도전하던 요리사의 길

부모님의 뜻에 따라 요리사라는 꿈과는 다르게 기계과에 입학했으나, 결국 중퇴하고 요리공부를 했다. 식품영양학과를 졸업한 후, 조리사로서의 경로를 찾던 중 하늘의 기회를 움켜잡았다. 나산그룹 외식사업부에서 신규 채용한다는 소식을 듣고 이곳에 입사하게 되었던 것이다.

1993년 3월, 나산패션마트 양식부에 합류하면서 33명 중 막내 조리사로서 새로운 삶을 시작했다. 내가 근무하게 된 곳은 강남구 대치동 선릉역에 위치한 샹제리제 빌딩의 웨딩컨벤션센터로, 나산그룹이 강남에서 처음으로 시도하는 웨딩컨벤션이었다. 이 특별한 프로젝트에 참여함으로써 나는 요리에 대한 열정과 꿈을 실현할 수 있는 기회를 얻게 되었다.

전라남도 함평 촌놈이 대림동에서 둥지를 틀고, 전철을 타고 강남 한복판으로 출근하는데 세상을 다 얻은 것처럼 행복했다. 호텔 주방장의 꿈에 한 발짝 다가서며 열심히 재미있게 근무하였다. 새롭게 오픈한 매장은 주방 기물이 모두 새 것이라 반짝반짝 빛났다. 매일 온종일 주방을 쓸고 닦고 박스를 나르고 쓰레기를 버리는 일이 막내인 나의 임무였고 잦은 보조 일로 하루가 멀다하고 코피도 흘리며 조리복도 하루에 2-3번씩 갈아 입을 정도로 쉴틈 없이 분주했다.

행사가 줄줄이 이어지는 주말에는 수백개가 넘는 배를 돌려 깎기 하며 손가락 한쪽 면의 피부가 벗겨져 피가 줄줄 흘러내렸다.

어릴 적부터 꿈꿔온 호텔 총주방장이란 목표는, 특급 호텔의 총주방장들 사이에서 꽃피운 열정으로 인해 더욱 확고해졌다. 그들은 대부분 프랑스 유학을 통해 훌륭한 기술을 쌓은 이들이었다. 그들을 보면서 나는 그들의 발자취를 따라가보고 싶다는 열망으로 가득 차 있었다. 그러던 중 드디어 결심을 하고 프랑스 유학을 준비하기 시작했다. 매일 새벽 5시에 일어나 지하철 첫 차를 타고 강남역의 프랑스어학원에 다니며 이 꿈을 현실로 만들기 위해 2년 6개월 동안 불철주야 노력했다.

1995년, 마침내 프랑스 파리 땅을 밟았다. 청운의 꿈을 안고 떠났던 유학길이었지만, 현실은 내 예상과는 달리 힘겹게 나를 맞이했다. 유학 생활 동안 집안의 지원이 없었고, 직장을 다니며 배운 프랑스어로는 수업을 따라가기에 충분하지 않았다. 현지에서 아르바이트를 통해 생활비를 충당할 계획이었지만, 미테랑 대통령 재임 시기에는 노동허가증 발급이 가능했던 일도 내가 도착하던 해에 야당 지지로 인해 노동허가증 발급이 중단되면서 주경야독의 계획마저 좌절로 이어졌다.

학교를 마치려면 아직 2년 6개월이라는 시간이 남았을 때 학비와 생활비까지 1-2억 정도의 경비가 소요되는데 내 형편에 학교만 다닐 수도 없고 취업이 안 되면 다시 한국으로 돌아가는 방법밖에 없었습니다. 샹제리제 거리의 맥심 레스토랑에서 일자리를 약속받았던 내 마음은 절망감에 휩싸였다. 답이 보이지 않았다. 그렇다고 고향의 부모님께 도움을 요청할 수도 없는 상황에 놓였다.

그렇게 청운의 꿈을 품고 찾아간 프랑스에서의 꿈은 아쉬움을 뒤로 한 채 3개월 만에 현실의 벽에 부딪히면서 막을 내렸다. 귀국 후, 그래도 마음을 다잡고, 자신감을 잃지 않고 다시 나의 꿈을 향해 도전을 시작해야 했다. 전 직장이던 '나산 패션마트' 양식부에 입사하여 실력을 다지며 또 다른 방향이 된 창업 준비를 열심히 했다.

그 후, 드디어 돈까스 창업으로 이어지는 새로운 여정을 시작하게 되었다. 모든 고난과 역경을 딛고 나서도 꿈꾸는 것에 대한 중요성을 깨달았다. 꿈은 항상 저를 다시 일어서게 해주었던 것이다.

단 하나의 브랜드가 되기 위한 전략

'땜므땜므' 돈가스 파스타 전문점 창업

2001년, 1억원의 자본금을 투자하여 나는 '땜므땜므'라는 이름의 돈가스 파스타 식당을 열었다. 창업 당시, 1억원은 서울에서 34평형 아파트를 살 수 있는 큰 투자였다. '땜므땜므'라는 이름은 프랑스어로 "당신을 사랑합니다"라는 뜻을 가지고 있어 고객을 사랑하는 마음으로 요리하겠다는 의미를 담고 있다. 이 식당의 차별점으로 삼은 것은 호텔에서 사용하는 고품질 식재료와 독창적인 레시피로써, 성공할 수 있을 것이라는 확신이 있었다.

식당 주방을 직접 세팅하고 비용 절감을 위해 중고 주방 기기도 구입했다. 인테리어는 전문가의 조언을 받아가며 진행했지만, 기본적인 준비 작업조차 쉽지 않았다. 첫날부터 많은 문제들이 눈에 띄기 시작했다. 인테리어는 제가 구상한 메뉴와 어울리지 않았고, 타깃 고객층을 제대로 설정하지 못했다. 최고의 음식과 최고의 서비스만 있다면 반드시 잘 될 거라는 자만심이 낳은 결과였다. 상황이 좋지 않음에도 불구하고 사업은 지속적으로 진행되어 나름대로 나아가고 있었으며 매월 순 수입 350만 원을 목표로 하고 있었다.

　이처럼 사업에 대한 목표와 의욕이 가득 차 있었던 찰나, 나의 꿈은 15일 만에 산산조각이 나고 말았다. 오픈 이후 15일째 되는 날, 퇴근길에서 음주운전 차량과 사고가 발생했고 나는 심각한 부상을 입게 되었다. 사고로 허리에 철심 4개를 박는 수술을 받았고, 8개월간의 긴 재활치료와 보호 생활을 이어갔다. 척추 장애 판정까지 받은 큰 사고를 겪은 이 시간 동안 식당 운영은 물론, 일상생활조차 불가능해졌다. 그간의 경제적 부담도 커져갔고 정신적으로도 극심한 고통을 겪었다.

　이 사고로 인해 남겨진 것은 단순히 신체적인 고통 뿐 아니라 2억 원의 빚이었다. 나는 아무것도 할 수 없는 상태에서 수많은 고민과 외로움에 시달렸다. 그동안의 귀중한 시간은 저에게 경제적, 물질적 압박감만을 남겼고, 의료 비용과 생활비 증가로 인해 빚은 계속해서 늘어갔다.

　어렵고 힘든 시기를 겪었지만, 고통 속에서도 다시 일어설 수 있을 것이라는 의지를 다졌다. 재활 치료를 통해 몸을 회복하면서도 사업에 대한 열정은 사라지지 않았다. 힘든 상황 속에서도 느끼는 고객에 대한 사랑과 요리의 열정은 여전히 내 마음속에 존재했다. 앞으로의 길은 험난했지만, 재기하겠다는 의지는 그 어느 때보다 굳건했다.

　내가 배운 것은, 사업이란 단순히 이윤을 추구하는 것이 아니라 사람과의 관계, 고객과의 소통이 얼마나 중요한가 하는 점이었다. 고객이 무엇을 원하고, 어떤 경험을 해야 하는지를 이해하는 것이야말로 내가 바라던 진정한 요리사로서의 길이라는 깨달음을 얻었다. 앞으로의 사업은 단순한 식당 운영을 넘어, 고객의 마음을 이해하고 그들의 기대에 부응하는 경험을 제공하는 방향으로 나아가야겠다는 다짐을 하게 되었다.

몸이 차츰차츰 회복되면서 식당을 살리는 방법을 여러 각도로 연구했다. 먼저 큰 누님에게 카드를 빌려서 오토바이를 장만했고 음식 사진을 고급스럽게 촬영한 뒤 예쁘게 디자인하여 몇 만장의 전단지를 제작하고 배포했다.

1호선 인천 도원역 근처 5층짜리 복도식 아파트에 전단지를 붙이며 영업에 나섰다. 호텔 주방장의 꿈을 안고 프랑스 유학길에 올랐던 지난 날의 꿈은 잠시 접어두기로 했다.

사랑하는 아내와 아이들 얼굴만 떠올랐다. 남의 집 대문에 전단지를 붙일 때마다 도둑놈이 도둑질하는 심정처럼 조마조마했다. 제 자신이 초라하고 실패자인 것만 같아서 전단지를 붙이다 말고 한쪽 계단에 주저앉아 펑펑 눈물을 쏟기도 했다. 그럼에도 불구하고 다른 방법이 없고 단지 살아야겠다는 죽을 각오로, 벼랑 끝에 서있는 심정으로 낭떠러지에 떨어지지 않기 위해서 전단지 홍보를 정말 열심히 했다.

다행히도 나의 노력이 헛되지 않게 전단지를 본 고객들의 주문이

한건, 한건 들어왔다. 주문 벨 소리가 '띵동' 하고 울릴 때마다 정말 신이 나고 당장 부자가 된 것만 같았다. 그 힘겨운 시간 속에서도 우리 가정에 새생명이 찾아왔다. 새생명인 저의 딸을 보면서 가족들을 위해서 정말 열심히 일을 했다.

식당이 꾸준히 잘 되어서 2002년 새롭게 인테리어를 하고 식당의 컨셉을 바꾸자 식당의 인기가 높아지면서 줄 서는 유명한 식당으로 거듭났다. 주변에서 가맹점을 하고 싶다는 이야기를 하면서 프랜차이즈 사업 제안이 들어와서 '땜므땜므' 라는 첫 브랜딩 사업이 시작되었다.

첫 번째 가맹점은 고향 옆집 누나가 맡았다. 영등포구 대림동에 단독 주택을 매입하면서 담과 지하방으로 내려가는 공간에 판넬로 지은 2-3평 정도의 작은 주방 공간에서 등심과 안심 그리고 돈가스 빵가루를 묻히고 튀기면서 영업이 시작되었다.

대림동 1호점은 약 2년 만에 정식 가게를 오픈하면서 배달 전문 매장으로 옮겼다. 땜므땜므 1호점을 시작으로 1년이 지나자 16개 가맹점까지 늘어나면서 소스, 드레싱 등 레시피를 개발하고 가맹점 매출 현황도 분석해주고 조리과정의 표준화를 강조하며 관리를 시작했다.

내가 사실상 '땜므땜므' 의 본사이고 대표이고 직원이었다. 혼자 힘으로 레시피 개발부터 마케팅, 배송, 관리까지 도맡아 했으니 언제 탈이 나도 날 상황이었다. 정말 밤잠 안자고 일에 빠져 지내던 어느날 화장실에서 정신을 잃고 쓰러져 있는데 아내 덕분에 정신을 차린 적도 있었다.

프랜차이즈 부흥기에 던진 도전장

그 당시 가장 부러운 프랜차이즈는 '네네치킨'이었다. 종이 박스로 고급화된 포장 시스템, 유재석을 광고 모델로 내세우며 대히트를 쳤다. '굽네치킨'은 '본스치킨'이 먼저 가맹사업을 잘 하고 있었지만 그 당시 소녀시대로 마케팅하면서 급속도로 성장세를 달렸다.

1998년 조류독감으로 힘든 시기에도 '피자나라치킨 공주' 그리고 '교촌치킨'이 가수 비를 모델로 간장치킨과 부위육으로 성장했고 'BBQ치킨'은 'BHC치킨'을 인수해서 치킨공화국처럼 IMF로 인해 실직하는 가장들이 가장 많이 치킨 가맹점 사업을 하면서 치킨과 피자 사업은 1998년부터 2010년까지 급속도로 성장했다.

이 시기에 '본죽', 백종원의 '홍콩반점', 주류브랜드 '쪼끼쪼끼', '비어케빈', '햅피아' 등 PC방 '사이버리아' 등 고기브랜드 '돈데이', '육회지존', '서래마을', '도네누볏짚삼겹살'과 '카페베네'와 '피자에땅' 김밥 브랜드로 '김밥나라', '김밥천국', 족발 브랜드 '가장 맛있는 족발' 등 정말 많은 브랜드가 탄생했다. 그야말로 프랜차이즈의 부흥기였다. 이때 프랜차이즈 브랜드를 관찰하면서 그들의 흥망에 대한 장단점을 발견하고 분석을 할 수 있었다.

그 당시 '놀부보쌈'과 '원할머니보쌈'은 일반 소상공인이 창업할 수 없을 정도로 창업 시장에도 창업 초기 비용이 1억부터 3억 이상의 시장이 형성되었다.

나는 이런 프랜차이즈 부흥기에 떠오르는 대형 브랜드들 사이에서 돈까스 & 스파게티 브랜드로 본사의 규모는 매우 작지만 이 브랜드를 키워보겠다고 2001년부터 2017년까지 약 17년간 오토바이와 한몸이 되어 살아갔다.

1초가 1분이 되고 1분이 모아져 1시간이 되고 1시간이 모아져 하루가 되고 하루가 1년이 되고 1년이 지나 17년의 오토바이 인생으로 살았다.

승패의 갈림길은 마케팅

상품 개발, 유통, 판매 등 모든 영역에서 가장 중요한 부분은 마케팅이다. 2003년 배달 외식업종의 마케팅 중에는 아파트 출입구에 전단지함이나 거리의 현수막 광고 그리고 지역의 상가 책자 그리고 음식 책자, 전단지 배포 등이 있었다. 당시 《상고대》라는 식당 전문 계단식 책자는 20~30만 원의 광고비를 받고 있었다. 우리 식당도

간간히 책자에 광고를 넣었는데 효과가 바로바로 나타났다.

  광고효과도 빠르고 매출도 점점 늘어나는데 막상 책자의 품질은 갈수록 떨어지고 배포도 엉망이었다. 결국 광고 효과가 떨어지면서 피해를 보는 건 식당 광고주들이었다.

  나는 지역의 음식점 사장님들을 한분 한분 찾아가서 우리가 힘을 합쳐서 음식 책자 발행을 제작부터 배포까지 직접 하자고 설득했다. 그렇게 32페이지 가량의 음식광고 책자 작업이 시작되었다.

  광고 한 페이지, 한 페이지마다 정성을 들여 광고 디자인을 했고 전화번호도 일일이 대조하면서 오타를 잡아내고 인쇄 직전까지 꼼꼼하게 확인을 거듭했다. 처음으로 제가 직접 광고를 받고 기획하고 디자인해서 인쇄물을 받는 날은 가슴이 벌렁거리고 두렵기까지 했다.

  배포지는 독산 2동이었다. 책 배포가 끝나고 얼마 지나지 않아서 독산 2동 안에 던진 그물은 그물이 끊어질 정도로 배달과 주문이 폭주했다. 그야말로 대박이었다. 말솜씨도 없는 제가 영업은 정말 체질이 아니라고 생각했는데 엘리베이터 안에서도 사람만 만나면 메뉴판을 건네며 온몸과 마음을 다해 영업자로 뛰었고 광고주 식당 사장님들과 탄탄한 친분을 쌓아갔다.

  2003년 11월부터 2017년까지 음식점 홍보 책자를 발간했고 아내가 책자 디자인을 맡고 저는 기획과 영업을 맡았다. 광고 지역도 점차 늘려서 금천구, 영등포구, 광명시, 관악구, 동작구, 구로구까지 영업을 다녔고 저의 돈가스 브랜드 '땜므땜므'도 확장해갔다.

이 시기에 또 하나 터득한 것이 있다. 음식점 홍보 책자를 발간하고 관찰하면서 어떤 가게들이 대박이 나고 어떤 가게들이 망하는지 분석할 수 있었다.

1) 잘되는 프랜차이즈 대박 식당의 특징
 ① 본사를 신뢰하고 잘 따라준다.
 ② 청결하고 메뉴얼을 준수한다.
 ③ 고객에게 최선을 다해 섬긴다.
 ④ 성실하고 꾸준히 마케팅을 한다.

2) 잘되는 개인(프랜차이즈 아닌) 식당의 특징
 ① 체인점과 차별화로 가격과 플러스 전략
 ② 신제품 개발
 ③ 프랜차이즈보다 더욱 공격적인 마케팅
 ④ 체인점보다 1시간 먼저, 1시간 나중, 최소 2시간 이상 근무

3) 중박 식당의 특징
 ① 부부가 운영
 ② 직원들을 거의 채용하지 않고 운영

③ 사업 아닌 그냥 중간 단계 생활 수준 영위

4) 쪽박 식당의 특징
① 위생 상태 불량
② 사장의 마인드 항상 부정적
③ 시작과 마감의 불규칙
④ 불성실(고객과 잦은 마찰)
⑤ 소극적인 마케팅

'직구삼 삼겹'이 만들어낸 삼겹살 신화

샵인샵, 월 매출 3억을 올리다

돈가스 사업이 정리되고 2002년도에 음식 책자를 만들면서 관악구에 샵인샵을 전문점으로 하는 사장님을 만났다. 샵인샵으로 돈을 많이 버는 사장님을 보고 나도 샵인샵 가게를 금천구에서 시작했다. 아귀찜, 찜닭, 닭발, 도시락, 족발, 피자, 치킨 등의 메뉴로 오픈했다. 전화기를 20-30대 놓고 주문을 받았다. 이미 음식 책자를 발행하고 있을 때였다. 당시는 전단지보다 음식책자가 귀할 때고 거의 책자를 보고 주문을 했다.

음식 책자에 샵인샵 식당이 2/3를 차지할 정도였다. 디자인은 아내가 하고 영업과 제작은 내가 맡았다. 당연히 책자만으로도 수익이 꽤 많았다.

매출이 가장 높을 때는 한달에 2억 8천 정도였다. 3~4년만 더 고생하면 빌딩도 사겠다 싶을 정도로 정말 사업이 잘되었다. 가게가 잘 되니까 샵인샵을 영등포구에 2호점을 냈다. 그런데 조금씩 금전에 구멍이 나기 시작하더니 결국 사건은 터지고 말았다. 식자재 원가는 상승하고 배달직원들은 정산 과정에서 현금을 받고 카드전표를 돌려치기 하는 사례가 빈번하게 발생했다.

직원들이 수시로 냉장고의 음료수를 꺼내먹고 퇴근할 때면 족발, 치킨, 피자를 집으로 가져가는 상황도 눈에 띄기 시작했다. 1년 6개월 만에 1, 2호점을 합쳐서 회사 규모를 줄여 이사를 했고 직원도 최소 인원으로 줄였다.

새로운 브랜드 '직구삼 삼겹'의 탄생

새로운 사업 아이템을 찾고 있을 때 전국 배달대행협회 대구 지부 대표님 한 분이 일매출 150만 원을 기록 중이라는 '배달 삼겹살'을 소개했다. 귀가 솔깃했다.

나는 바로 KTX편으로 '배달 삼겹살'을 받아 시식을 하고 다음 날 바로 삼겹살을 사다가 생선구이처럼 초벌로 구워내고 또 다시 오븐에 굽고 먹기 좋게 컷팅해서 도시락통에 담았다. 조리 시간과 수율이 너무 낮아 개선 작업을 시작했다.

직화 렌지 화구와 중화 팬으로 해보니 고기가 달라붙어 코팅 팬으로 조리를 하면서 레시피를 개발하고 2015년 12월 '배달의민족'에 입점하고 '요기요' '배달통' 등의 배달플랫폼에 신청했다. 이렇게 탄생한 브랜드인 '집으로 삼겹' 제1호점은 관악구에 있는 사장님이 오픈했다. 놀랍게도 3개월도 안되서 1억 매출이 올랐고 1호점의 성공을 힘입어 바로 15개 가맹점으로 늘어났다.

  그 후 문제가 터지고 말았다. 당시 삼겹살 유통 책임자가 우리 브랜드가 고공행진하는 것을 보며 '집으로 삼겹'으로 가맹점 문의가 오면 '스타 삼겹'이라는 브랜드로 유입시키고 있었다. 이렇게 가맹 문의 정보 빼돌리기로 인해서 '집으로 삼겹'의 가맹은 급격히 줄어들 수밖에 없었다.

  한편 '집으로 삼겹'의 특허 출원을 1호점 점주가 당분간 자신의 이름으로 특허를 낸다고 하더니 막상 특허 명의자 변경을 요구하니까 돌연 태도를 바꾸더니 우리에게 명의 변경을 해줄 수 없다는 것이었다. 결국 새로운 브랜드개발이 필요했고 2017년 '직구삼 삼겹'을 세상에 내놓게 되었다.

  관악구 신림동에 1000만원 보증금에 월세 85만 원짜리 10평도 안되는 작은 공간에 제1호점을 오픈하여 본사 직영점으로 관리 운영했다. 3개월 만에 9개의 가맹점이 연달아 오픈했고 시작한지 3개월도 안되서 월 매출 1억을 달성하리라 목표를 세웠다.

  매일 아침 냉장고의 음료수를 확인하고 통삼겹살로 들어온 고기를 칼로 일일이 절단하고 사과칩으로 훈연기에 훈연을 끝내면 기름을 두르고 달달달 김치를 볶아 구수한 김치찌개를 끓이고 새벽 시장에서 사온 상추를 3박스씩 씻고 5칸 밑반찬을 만들었다.

하루종일 자르고 씻고, 볶고 담고… 지금도 기억하는 건 '직구삼'을 홍보하고 오픈 첫날 순식간에 홍해가 갈라지듯 주문량이 폭주했을 때이다. 그날 점심 시간이 가까워 오는 오전 10시부터 저녁 11시까지 엄청난 주문량에 즐거운 비명을 질렀습니다. 그날 200만원의 하루 매출 기록을 세우고 식탁에 앉아 하나님 앞에 감사기도를 드렸다.

첫날 직원들과 손발이 맞지 않아서 우왕좌왕도 했지만 목표치를 넘어서자 그조차도 즐겁기만 했다. 그렇게 3개월만에 매출 1억을 달성했다. 정말 꿈만 같았던 그 3개월이었다.

레시피 개발, 마케팅, 영업 등 내가 본사고 가맹점이고 마케팅 대행사였다. 거의 하루 서너 시간 잠자는 시간을 빼면 일에 파묻여 지냈다. 가맹점 수가 20개를 넘어서자 본사 매출보다 가맹점이 운영상에 불편함은 없는지 발로 뛰면서 개선점을 찾아다녔고 1년 만에 전국에 35개의 가맹점이 '직구삼' 간판을 걸고 고공행진을 했다. 2017년 프랜차이즈 전문 법인 '모두여는

세상'을 설립하자 가맹점 수는 빠르게 60여개로 늘어났다.

   당시 대한민국 정서상 삼겹살은 식당에서 불판 위에 자글자글 구워먹는 음식이라는 편견을 깨고 맛있게 구운 삼겹살을 집으로 배달해서 먹어도 불 위에서 구워먹는 맛에 버금가도록 직화삼겹살 맛을 구현해내고 시스템을 만들어나갔다.
   내가 개발한 레시피가 인기를 끌면서 동시에 가맹점을 늘리고 본사라는 구조를 만들어냈으나 본사의 부실한 시스템으로 인해 가맹점들과 잦은 마찰이 발생했다. 10여개가 넘는 가맹점들이 가맹협의회를 만들어 본사에 컴플레인을 걸고 법적 소송을 걸기도 했다. 당시 치킨 프랜차이즈는 많았지만 삼겹살은 우리가 처음이었다. 어디서 배울 데도 없고 도움 요청할 곳도 없었다.
   3년여간 가맹점과 본사간 법적분쟁이 이어졌고 다행히 승소했다. 13군데 가맹이 해지되면서 본사 매출에 타격이 입을 것을 우려했는데 막상 큰 걱정은 없었다. 이유를 찾아보니 그동안 가맹점에서 사입을 통해 장사를 했던 상황이 드러났다. 본사와 소통이 잘 되는 가맹점일수록 매출이 높다는 것은 만고의 진실이다.

   그 때 38개 가맹점이 25개로 줄어들게 되었다. 5월 물류 매출이 빠지면서 회사 운영비는 어떻게 하나 정말 걱정이 이만저만이 아니었다. 그러나 5월 정산서 매출을 보니 오히려 4월 매출보다 많았다.

그동안 가맹점이 사입식자재를 몰래 사용했는데 가맹 해지가 두려워서 제대로 본사 재료를 사용하는 계기가 되었다. 이런 위기들이 다시금 본사가 원리원칙대로 한다는 인식을 심어줄 수 있었다. 이렇게 분란이 있던 지점들과 3년간의 소송은 끝내 저희가 모든 판결에 있어서 승소를 하게 되었다.

"프랜차이즈는 행복입니다"

　프랜차이즈 본사의 3년 이상 생존율을 따져보면 3년 이상 8%, 5년 이상 5%, 8년 이상 3%라고 한다. 가맹점주들의 삶이 나아지고 희망을 찾고 본사에 감사하는 분들을 보며 보람을 느낀다. 그래서 나에게 있어서 프랜차이즈는 행복이다. 다른 분들을 행복하게 해주는 사업이기 때문이다.

　'모두여는세상'의 직구삼 브랜드는 창업 비용이 2,000~3,000만 원선이다. 그러나 이마저 창업비용을 마련하지 못해서 문의에 그치는 경우가 70프로 이상이다. 가맹 사업 초기엔 창업 정신과 열정만 있으면 창업의 기회를 주고 싶어서 1~2개월의 창업 교육 기간에 배달 플랫폼의 이해와 마케팅 전략 등에 대해 상세히 교육해드렸다. 그러나 막상 가게를 오픈하면 가맹점들은 경비를 줄이는 차원으로 마케팅 비용은 아예 생각지도 않고 브랜드에 대한 이해도도 현저히 떨어지는 경우가 허다했다.

  나는 마케팅 비용은 선택이 아니라 필수라고 강조한다. 월 매출 4,000만원에 도달할 때까지 15프로 정도는 마케팅 비용으로 써야 한다. 월 4,000만원을 빠르게 달성하고 싶다면 마케팅 비용부터 늘려야 한다.

  밥솥에서 밥을 할 때 생각하면, 쌀을 넣고 물로 잘 씻어서 밥솥에 넣고 맛있는 밥이 될 때까지 기다려야 한다. 전기 온(ON)상태로 계속 유지해야 맛있는 밥이 된다. 중간에 밥솥 뚜껑을 열었다 닫았다 하면 밥이 설익거나 밥맛이 떨어진다. 마케팅의 원리도 이와 같다. 꾸준히 해야 한다. 가게의 고정 비용 중 가장 가장 많이 차지하는 부분이 식재료 다음으로 마케팅 비용이다.

  프랜차이즈 가맹계약을 할 때 살펴야 하는 것이 있다. 우선 첫 번째로 프랜차이즈 본사 대표는 해당 분야에 경력과 노하우를 갖춰야 한다. 또한 프랜차이즈 본사와 가맹점 계약을 하고 싶은 사업자가 체크해야 할 사항은 본사의 사무실 그리고 R&D실 그리고 공장까지 있는지, 프랜차이즈 아이템이 사계절 내내 꾸준한 매출 가능성이 있는지, 대중성이 있는지, 가정집에서 요리하기 불편한지, 자꾸 먹고 싶고 생각나는 음식인가 등 체크할 사항이 많다.

고향 브랜드 '함평솥뚜껑고깃집'

'모두여는세상' 고객, 본사, 가맹점이 하나가 되어

'모두여는세상' 법인을 설립하고 ㈜모두여는세상 대표이사로 취임했다. 나는 1993년 식품영양학과를 졸업하고 그해 3월 양식조리사로 사회생활을 시작했다. 프랑스 유학이 실패로 끝났지만 몇 달간 체류하면서 유럽의 경양식집을 다니며 아이디어를 얻어 2001년 돈까스 & 스파게티 전문점 '땜므땜므'를 오픈하고 16개의 가맹점까지 늘렸다.

2003년 초당대학교 산업대학원 조리산업과에 입학, 2005년에 조리 이학석사를 취득하였다. 저에게는 오토바이 배달 인생도 빼놓을 수 없는 17년간 저의 인생이다. 2001~2017년까지 17년 간 배달 인생으로 살았다. 그렇다고 단순히 배달만 했다는 의미는 아니다. 조리사로, 배달 외식업 자영업자로, 프랜차이즈 본사 대표로 살아가는 동안 배달은 제 업무의 일환이었다. 단 몇 분도 책상에 앉아 있을 여유가 없었다.

'모두여는세상'의 뜻은 고객, 가맹점, 본사 모두가 아름다운 세상

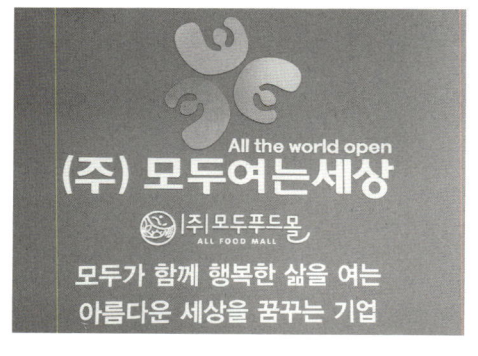

을 만들어간다는 뜻을 담고 있다. 로고의 모양이 사람의 머리를 두 팔로 감싼 형태는 고객, 본사, 가맹점이 하나가 되어 서로 사랑하는 의미이다.

프랜차이즈 법인 설립은 계획된 것은 아니었다. 프랜차이즈 사업이 조금씩 확장되면서 법인 설립은 필연적이었다. 사업의 체계도 갖추기 전에 법인을 세우고 만들고 나니 의지와 열정만 앞섰다. 저도 어렵게 사업을 일구었기 때문에 가맹점 사장님 만큼은 돈을 많이 벌게 해드리고 싶었다. 직구삼 브랜드를 만들고 여러 가지 샵인샵 브랜드를 만들었다. 한국에서는 무조건 삼겹살 구이에 대한 선호는 없어지지 못할 것이라는 것을 이 브랜드를 출시하면서 깨달았다.

새로 출시하는 브랜드 '함평솥뚜껑고깃집'

2025년에는 새로운 브랜드로 나의 고향 함평을 테마로 하는 고기집 브랜드를 런칭하려고 한다. '모두여는세상' 법인에서 새롭게 선보이는 '함평솥뚜껑고깃집' 브랜드는 나의 고향 함평의 자연과

정신문화를 담은 특별한 프로젝트이다. 2025년, 나는 지역의 독특한 농산물과 정성을 결합해 누구나 사랑하는 고깃집으로 자리매김하고자 한다.

함평은 나비 축제로 유명한 고장을 자랑하며 이곳의 명물인 함평 나비쌀과 함평 양파 그리고 그 고유의 맛이 살아있는 함평 한우 육회비빔밥은 우리의 메뉴에서 중요한 역할을 할 것이다. 이러한 로컬푸드는 단순한 재료 이상의 의미를 가진다. 우리는 지역 농민들과의 협력을 통해 신선한 재료를 공급받고, 이를 통해 함평의 특별한 맛을 담아내고자 한다.

'함평솥뚜껑고깃집'은 전통적인 서민 고깃집의 따뜻한 정감을 느낄 수 있는 공간을 만들어 70-80년대의 소박한 분위기를 재현할 예정이다. 손님들은 단순히 음식을 즐기는 것에 그치지 않고 고향의 향수를 느끼며 온 가족이 함께 모일 수 있는 소중한 공간이 되길 바란다.

프랜차이즈 업계 돌파구는 무엇인가?

프랜차이즈 브랜드는 정말 많이 쏟아져 나오고 있다. 프랜차이즈의 홍수 속에서 어떤 성공의 정답은 없다. 과대한 투자 비용은 금물이며 최소의 이윤과 최소의 비용으로 창업을 시도하는 프랜차이즈 브랜드 본사가 꼭 마케팅팀을 구성해서 가맹점의 모든 마케팅에 심혈을 기울여야 가맹점들이 성공하게 된다고 확신한다.

"가맹점이 살아야 본사가 산다"

배달 플랫폼과 SNS 마케팅이 반드시 필요한 시장 상황에서 가맹점과 본사는 서로 긴밀한 마케팅 솔루션에 대한 상담이 필요한다. 본사의 긴밀하고 치밀한 마케팅 분석과 솔루션 제공을 받아야 이런 디지털시대에 살아 남을 수 있다.

외식업의 비교불가 시대를 살고 있는 프랜차이즈 외식업 시대이다. 프랜차이즈 죽 분야에서는 '본죽'이 독보적인 1위를 이어가고 있다. 본죽은 1992년에 창립된 죽 전문점이다. 한국 전통 음식인 죽을 활용하여 다양한 메뉴와 건강하고 맛있는 식사를 선사하며 계절에 따라 특히 몸의 병이 있을 때 생각나는 오직 하나일 정도의 죽 브랜드로서 사람들에게 각인이 된 브랜드가 본죽이다. 그리고 이렇게 '본'으로 시작되는 웰빙이미지로 느껴지는 브랜드가 여러개 탄생을 했다. 본죽 & 비빔밥은 이제 본도시락, 본설렁탕, 본우리반상 등 여러 가지 유명 브랜드를 더 파생해서 운영하고 있다.

외식업과 인생은 천로역정

코로나 시대의 생존기

 2020년 1월 전세계를 강타한 코로나는 2023년 10월까지 세상의 모든 패턴을 바꾸다싶이 했다. 우리 외식업도 아주 큰 변화가 찾아왔다. 매장형은 배달과 매장 아니면 샵으로 생존을 위해 배달플랫폼에 입점하게 되었다. 그로 인해 유명한 맛집의 동네 브랜드는 인지도를 이용해 장사를 유지할 수 있게 되었다.
 기존 배달형 매장은 코로나 1년 6개월 정도는 매장형들이 잘 적응하지 못하고 있을 때까지는 최대 호황을 누리게 되었다. 거의 배달 외식업에 집중되다보니 코로나 이전에 배달플랫폼 입점 가게가 100개였다면 이후에는 500개 정도되는 시점까지 올라갔다. 기존 배달 매장은 점점 더 매출이 줄고 기존 매장은 없던 포장과 배달이 일어나면서 모든 경계가 무너지고 밀키트 시장과 도시락 시장, 그리고 배달 외식 아이템이 생겨나면서 배달의 민족, 요기요, 쿠팡이츠 등 모든 배달플랫폼의 회사가 선점하게 되었다.

앞으로도 미래에는 매장 영업만으로는 생존이 힘들어 보인다. 만약 외식업 창업을 준비한다면 당분간은 최소 매장 70%와 배달 30% 정도로 업종 변경이 진행되는 것이 대세가 되리라 확신한다.

코로나 때 성장한 자담치킨을 소개하고자 한다. 2011년 친환경 웰빙 치킨을 내세우며 나명석 회장이 창업을 했다. 자담은 '자연을 담은 치킨'이라고 한다. 웰빙을 컨셉으로 2017년 동물복지 인증을 받았고 나명석 회장은 프랜차이즈 1세대로 모든 재료들을 치킨무 그리고 밀가루 치킨 파우더로 단체 급식에 들어갈 정도로 건강한 먹거리로 유명하다.

코로나 전에는 2018년 159개, 2024년 700개 이상 되었으며, 치킨 본질의 맛과 웰방 치킨으로 2019년 조정석을 모델로 기용하면서 돌발적인 마케팅으로 국내 치킨브랜드 10대에 들어가는 브랜드로 성장하게 되었다.

페리카나는 1982년 4월 22일 대전광역시 서구 가장동에서 문을 열었다. 페리카나와 처갓집 양념치킨과 맥시칸치킨 이렇게 3대 브랜드가 첫 1세대, 다시 말해 치킨 대중화 1세대이다. 1990년대는 BBQ, 교촌치킨, 네네치킨, 굽네치킨. 2020년대는 BHC, BBQ, 교촌치킨, 굽네치킨, 프라닭치킨, 자담치킨 등 성장하는 브랜드는 끊임없는 마케팅과 메뉴 개발로 꾸준히 유지되고 있지만 현재는 대부분 배달 창업이기 때문에 소자본으로 개업이 가능해졌다. 그러나 배달플랫폼과 수수료와 배달료를 어떻게 협의해 나갈지가 하나의 과제로 남아 있다.

코로나가 외식업 환경에 많은 변화를 이끌었다. 2019년까지만 해도 외식업의 매장형과 배달형, 브랜드의 다양성, 놀부 부대찌개, 돈까스 본능, 삼겹 본능 등 한 매장 같은 주방에서 브랜드만 다르게 해서 배달 위주의 다양한 브랜드로 갔던 것이 지금의 ㈜놀부의 현실이 되었다.

원할머니는 코로나19로 인해 매출이 확대되는 효과를 가져왔는데 배달 매출을 확대하는 과정에 원할머니보쌈 자체의 매장형을 배달 매장형으로 보쌈 도시락과 배달 메뉴의 도시락을 다양화하고 보쌈의 기본이 최선을 다해 브랜드를 극대화했다. 놀부 보쌈은 원할머니의 정반대되는 분식부터 다양한 브랜드로 선택과 집중을 하지 않고 조리에 대한 기본적인 극대화를 선택하지 못한 점이 아쉬운 점이다.

특히 가맹점 사장님들이 장사가 안되면 현재의 식당, 외식업에 어떤 문제가 있는지 진단하고 분석하고 메뉴 컨설팅을 통해 다시 성장하는 것이 중요하다. 그러나 대부분 최소한 6개월 정도 마케팅을 꾸준히 하고 다른 경쟁업체 매장보다도 영업시간과 영업 일수, 차별화된 서비스, 마케팅 비용을 지출했는가를 진단해봐야 하는데 대부분 잘해봐야 1~2개월 해봤는데 안된다라는 사장님들이 대부분이다.

  외식업과 인생은 천로역정과 같다. 상당한 노력과 시간이 필요하다. 누구나 쉽게 성공하는 법은 없다. 그럼에도 불구하고 남다른 시대 환경에 특히 내가 하는 배달외식업은 플랫폼에 대한 이해도가 높아야 한다.

  놀부 보쌈은 매우 탄탄한 브랜드였다. 롯데리아 만큼이나 비용이 많이 들어가는 브랜드였다.

  현재의 2024년 놀부보쌈은 가맹점을 찾아보기 힘들 정도로 어느 곳에 가도 찾기 힘든 브랜드가 되었다. 놀부보쌈은 2011년 11월 모건스텐리PE에 의해 약 1,200억에 인수되었고 그 당시에 2010년 매출액 1113억 원 영업이익 80억 원을 기록하며 대한민국 최고의 한식 프랜차이즈였는데 그 이후에 현재는 브랜드 생존마저 걱정할 정도로 많이 주저앉은 브랜드이다.

  이때부터 함께 시작된 1975년 원할머니 보쌈 김보배씨 사위인 박천희씨가 1998년에 원앤원(주) 설립하고 '원할머니 보쌈' 보다 12년 늦게 1987년 신림동 10평 정도로 시작된 ㈜놀부 창업자 김순건 전 회장은 코로나 19전까지는 그래도 놀부가 보다 나은 브랜드와 인지도를 가져왔다. 원할머니 보쌈이 어떻게 성장이 되어가고 있는가를 분석해보면 첫째는 외식산업의 본질을 잘 아는 오너 일가가 원할머니 보쌈을 제품 메뉴 개발에 있어서 선택과 집중으로 메뉴의 다양성을 이끌었습니다.

두 번째는 전통적인 맛과 품질이다. 원할머니보쌈은 한국 음식을 제공하면서 신선한 재료와 높은 품질의 요리를 제공하고 음식 본연의 맛을 유지하는 것은 고객의 신뢰를 쌓는 데 중요한 역할을 했다.

세 번째 차별화된 메뉴이다. 전통적인 보쌈 외에도 다양한 사이드 메뉴와 음료를 제공함으로써 고객의 선택의 폭을 넓혔다. 이로 인해 소비자층을 확대하였다.

네 번째는 마케팅 전략이다. 원할머니 보쌈은 SNS와 온라인 플랫품을 통해 소비자와 소통을 하며 동시대적 스타 마케팅을 꾸준히 진행하였다.

다섯 번째 배달 서비스 및 포장 판매를 통해 소비자가 쉽게 접근할 수 있도록 한 점도 성장의 원인 중 하나이며 이는 특히 코로나19 팬데믹 동안 더욱 성장했다.

놀부보쌈의 실패원인을 살펴보면 첫째, 치열한 시장경쟁 속 차별화 부족이다. 한국의 외식 시장은 매주 경쟁이 치열하다. 전통 한식은 많은 브랜드가 존재하며 차별화된 요소가 부족할 경우 소비자에게 외면을 받았다.

둘째, 진부한 메뉴 및 품질이다. 메뉴의 다양성이나 맛에 대한 기대가 계속 떨어지며 경쟁업체에 비해 특별한 매력이 부족했다. 그래서 고객들은 품질과 맛을 중시했기 때문에 재방문이 현격히 떨어졌다.

셋째, 놀부보쌈의 샵인샵 브랜드의 다양화로 전문성이 결여되고 매장형의 전문성의 결여도 실패에 영향을 준 요인이다.

넷째, 소비자 트랜드의 변화이다. 소비자들의 취향이나 고객이 원하는 메뉴 개발과 시대적 식습관의 건강식이나 다양한 메뉴를 원하는 트랜드를 반영하지 못하여 고객을 잃게 되었다.

다섯 번째, 마케팅 부족이다. 효과적인 마케팅 전략 부족은 브랜드 인지도와 고객 유치에 부정적인 영향 그리고 SNS와 디지털 마케팅의 중요성이 커지는 가운데 이를 적절히 활용하지 못했다. 그리고 보쌈의 전문성을 띤 마케팅을 하지 못하여 팬데믹 코로나에 원할머니와 정반대로 갔기 때문에 현재의 놀부보쌈이 되었던 실패의 사례이다.

다시 태어나도 나는 요리사

다시 태어나도 요리사의 길을 선택하겠다. 내가 요리사로서의 여정과 다시 태어난다면 어떤 길을 걷고 싶은지에 대해 이야기해보려 한다.

중학생 시절, 전라도 시골에서 어머니와 함께한 요리의 기억은 제 인생에서 가장 행복했던 순간 중 하나이다. 명절마다 가족과 함께 나누던 따뜻한 반찬과 찌개, 그 모든 과정이 저에게 큰 기쁨을 주었다. 어머니의 손길로 만들어진 음식은 단순한 요리가 아니라 사랑이 담긴 추억이었다. 또한, TV에서 요리사들이 멋진 요리를 만드는 모습을 보며 꿈꾸던 그 시절이 저를 요리라는 길로 이끌었다.

이제 34년간 외식업에 몸담으며, 나는 다양한 요리를 배우고 경험했다. 하지만 단순히 요리하는 것을 넘어, 전 세계인들이 사랑할 수 있는 메뉴 개발자로 성장하고싶다. 케이푸드의 위상을 높이고, 불닭볶음면처럼 한국의 맛을 세계에 알리는 브랜드를 만드는 것이 나의 목표이다.

내가 추구하는 것은 맛있는 음식을 만드는 것만이 아니다. 요리를 통해 사람들에게 행복과 추억을 선사하고, 서로를 연결하는 것이다. 요리의 트렌드를 선도하며, 내 이름 오재균을 전 세계에 알리는 꿈을 이루고 싶다.

다시 태어난다면, 나는 여전히 요리사의 길을 선택할 것이다. 매 순간 새로운 도전을 통해 성장하고 더 많은 사람들에게 감동을 주는 요리사가 되고자한다. 이 여정이 끝나지 않기를 바라며 앞으로도 내 열정과 창의력을 바탕으로 많은 사람들과 행복한 순간을 나누고 싶다.

에필로그

저는 식품영양학과 학생으로 시작해 조리사의 꿈을 안고 프랑스로 유학을 떠났다. 그 길은 결코 순탄치 않았다. 기회와 어려움이 동시에 찾아오는 고난의 연속 속에서 전환점마다 선택의 갈림길에 섰고 때로는 포기의 순간도 겪었다. 하지만 그 모든 여정이 제게 끈기를 심어주었고 결국 나만의 브랜드를 만들며 외식 프랜차이즈 분야에서 성공을 거두게 되었다.

오늘날, K-Food가 전 세계를 매료시키고 있는 시대에 발맞추어, 나는 저출산과 양극화, 그리고 열악한 노동 시장이라는 현실 속에서도 앞으로 나아가기로 결심했다. 외식업의 사업 다각화와 배달, 밀키트, 이커머스 시장의 확장을 통해 새로운 도전에 맞서야 할 시점이다. 단순히 한 브랜드에 집중하는 것을 넘어서, 다양한 타 브랜드와의 협력 및 연구를 통해 한국의 고유한 맛과 문화를 세계에 알리는 메뉴를 개발하는 것이 제 목표이다.

물질적인 성공을 추구하기보다는 함께 성장하고 행복해지는 미래를 만들어 가고 싶다. 작은 불꽃 하나가 큰 불꽃을 일으키듯이, 나 또한 소중한 꿈을 향해 한 걸음 한 걸음 나아갈 것이다.

결국 내가 바라보는 미래는 나 혼자만의 꿈이 아니라 함께하는 이들과 나누는 아름다운 여정이 되기를 희망한다. 우리는 각자의 역할 속에서 서로를 북돋우며 더 나은 세상을 만들어 갈 수 있을 것이다. 나의 작은 꿈의 씨앗이 언젠가 커다란 나무가 되어 세상에 긍정적인 변화를 일으킬 수 있기를 간절히 바란다.

Part 5.
프랜차이즈 선택, 그것이 문제!

김형민

김형민 창업연구소장 겸 참바다그룹 프랜차이즈 사업 경영총괄을 맡고 있다. 20여년간 국내에서 프랜차이즈 업계 각 분야 1등 프랜차이즈 그룹에서 총괄 및 임원으로 근무하였다. 브랜드 경력으로는 BBQ, 놀부보쌈, 놀부부대찌개, 바르다김선생, 죠스떡볶이, 한촌설렁탕, CJ푸드빌이 대표 경력으로 활동하였다. 통계와 데이터 상권 분석을 넘어서 대한민국 최고의 현장형 상권 분석가이며, 최다 가맹점 오픈으로 자타공인 명실상부한 성과를 기록하였다. 데이터와 소비자 심리를 결합한 상권 분석 방법, 창업 트렌드 및 안전창업 하는 팁으로 창업강의를 진행하였으며 실패하지 않는 안정적인 창업을 강조하면서 국내 최초의 '안전창업' 전도사로 활동 중이다. JTBC, 한국경제TV 등 창업 관련 방송에 출연하였으며 각종 창업매거진에 칼럼 및 기고를 통해 날카로운 분석과 조언으로 예비창업자의 멘토로서 명성을 얻었다. 또한 무료 창업강의로 연간 100여차례 진행도 하였으며 언론사, 기업, 학교, 국가기관 등에서 안전창업과 상권 분석에 대한 노하우 전수에 힘써왔다. 저서로『예비창업자는 정신 차려라』,『2021 창업트렌드』,『나는 회사 그만두고 내 가게로 출근한다』외 출간이 있다.

지금의 창업 시장

창업시장의 흐름을 알아야 물길을 튼다

지난 20여년 간 프랜차이즈 가맹본부와 창업연구소 운영을 통해 경험한 실제 창업시장의 이야기와 프랜차이즈의 민낯을 통해서 예비창업자들이 안전창업을 할 수 있도록 기본적인 노하우를 전달하고자 한다.

내 주변지인들이나 예비창업자들은 내게 항상 이런 질문을 던지곤 한다.

"지금 창업시장은 어때? 할 만 한가? 불경기라고 하던데 하면 괜찮을까?"

어디서부터 답을 해야 하나 망설이기도 하고 현재 잘되는 방법만 가지고 이야기를 건네기도 하고 논리적인 이야기를 하면 팩트 위주의 뻔한 통계 이야기나 할 게 분명해서 늘 피로도가 높아서 이렇게 말을 건네 보기도 했던 것 같다. "하기 나름입니다."

그리고 바로 이런 질문을 던져본다. "우리는 98년 IMF 이후 지금까지 호황이라는 말을 들은 적이 있습니까?"

그럼에도 여전히 프랜차이즈 가맹본부는 6천 개 이상이고 약 24만개의 가맹점이 운영되고 있다고. 커피브랜드 이디야가 3500여개의 매장이 편의점이 4만개 이상이 된다고 하면 깜짝 놀라서 창업시장은 불경기가 아니구나 대답하기도 한다.

누군가는 또 이렇게 말하기도 한다. "지금은 창업의 시기가 아니라고."

도대체 창업의 시기는 언제인가? 언제 올지도 모르는 경기 호황을 기다려야 하는지 그리고 경기 호황일 때 창업을 하는 게 맞는지? 부동산이나 주식에 투자하는 게 맞을지? 고민에 빠진 예비창업자들이 많다. 정답은 없다. 그래서 우리는 이런저런 이유로 창업의 기회를 놓치거나 고민만 하다 좋은 기회가 빠져나가면 창업 외로 투자방향을 바꾸기도 한다.

은퇴자들이 창업의 주를 이루었던 시절도 있었는데 최근에는 시니어 창업자는 줄고 젊은 세대가 많다. 왜 그럴까? 그 이유도 생각해 봐야 한다. 단순히 경제지표나 경기의 흐름이 아닐 수도 있다.

필자는 창업자의 심리적인 부분이 크게 작용한다고 생각한다. 심리적인 요소 중에 창업과 프랜차이즈 구분 없는 전체 통계로 위축되기도 하고, 경기성장이 더디고 어려운 환경이 자영업에 미치는 이런저런 이유와 부동산 위축으로 공실점포가 많아지니 딱 보아도 신도시 기준 대형상가몰 반이상이 공실이면 창업자체가 어렵고 경기가 어려워서 못하는 경우도 심리적인 부분이 크다.

지난 20년 동안 정년 퇴직해서 창업시장에 뛰어드는 시니어창업에서 점점

3040세대의 창업이 늘어나는 이유는 무엇일까? 정년이 보장되지 않는 기업종사자와 월급쟁이보다 대박 자영업을 꿈꾸는 젊은 세대 그리고 재테크를 통해 부가적인 수익창출을 내기 위한 사람까지 다양하다.

모든 예비창업자들은 누구나 호황일 때 창업을 해서 성공하기를 바라겠지만, 아쉽게도 국내시장은 매년 불경기다. 그렇다고 창업시장이 다 안 좋지만은 않을 텐데 전체적으로 싸잡아 불경기라고 말한다.

외식업도 종류가 수십수백가지이고, 유통매장, 엔터테이먼트 시장, 주류시장 수도 없이 많은 업종들이 있지만 우리는 전체 창업시장의 통계만 보고 이야기한다. 좀더 세심히 들여다보면 여기서도 배달업종, 대형 다이닝 매장, 소형 매장, 무인매장까지 다양하다. 우리는 좀더 객관적인 정보를 통해 창업시장을 살펴볼 필요가 있다.

지금의 창업시장,
아는 만큼 보인다

지금도 창업을 준비하는 이들 중 90% 이상이 필자에게 이런 질문을 한다.

"지금과 같은 불경기에 창업해도 될까요?" 질문을 던지곤 한다. 그러나 IMF 이후 경기가 좋았던 적이 있었는지 가물가물할 정도로 우리는 침체된 경제를 살아오고 있다. 하지만 불경기라고 해도 누군가는 성공의 기회를 잡아낸다.

우리는 언제나 그렇듯 그 기회를 거머쥐기 위해 창업을 준비한다. 다만, 올해는 코로다 펜데믹시대 보다 더 힘든 상황이었다. 코로나19로 인하여 창업 시장은 거의 재앙 수준 이상으로 처참한 상황이 이어졌다. 하지만 그 안에 성공한 배달사업과 이커머스 사업, 무인사업은 대박을 쳤다.

당시 어려운 상황 속에서 창업을 포기했던 분들도 있지만 그 상황 속에서 기회를 잡은 창업자들도 분명 속출했다. 하지만 현재는 코로나19 시기보다 더 힘든 창업시장이 속출했다. 이후 배달시장은 확장되었고 배달앱에 대한 소비자들도 학습이 되었고, 무인 매장에 대한 경험도 있다 보니 프랜차이즈 가맹점은 늘어났지만 코로나19 이후 갇혀 있던 소비심리가 분출되어 외식문화가 늘어났고 여행과 주말에 나들이 인구수가 늘어 주거상권의 매출이 순식간에 떨어지기도

했다. 그런 이슈 외에도 인건비 상승과 여전히 높은 임대료 그리고 물가상승으로 음식점 가격은 오르고 소비심리는 다시 위축되는 현상까지 겪고 있다.

거기에 프랜차이즈 가맹점들은 일반 자영업자들에 비해 높은 원가와 로열티까지 지급하고 운영되기에 매장 내 좋은 서비스를 하기에 더욱 어려움이 있다. 그렇다면 프랜차이즈 가맹본부 상황은 어떨까? 가맹점 수가 100개 이하 기업은 심각한 경영위기에 빠져 가맹점 관리가 안 되는 곳이 많아졌다. 물류비와 원부자재의 가격이 오르고 가맹점 매출은 떨어져 물류매출 하락에 가맹점 수 증가가 더디고 매출이 빠져 배달을 권고하는 상황까지 이르고 심지어는 로열티 면제까지 운영되어야 가맹점을 운영할 수 있는 지경까지 왔다.

결국 기대할 수밖에 없는 가맹본부 매출은 신규점 출점만이 살길인 기업이 많아 가맹비, 교육비, 로열티, 인테리어 감리비, 재가맹비까지 안 받는 5無 정책을 내세워 가맹점 모집에 힘쓴다. 이런 상황에도 불구하고 우리는 창업을 잘 하고자 여러 정보를 통해 창업을 준비하고 프랜차이즈

창업 브랜드도 알아본다.

하지만 예비창업자들은 여전히 노하우가 없기에 각자 자기가 아는 정보 안에 갇혀 창업준비를 하니 여러 사고와 실수가 반복된다. 이 부분의 리스크를 없애기 위해 예비 창업자들은 비싼 가맹비를 내고 프랜차이즈 가맹창업으로 방향을 돌려 선택하고 있다.

일반 자영업 창업에 비해 프랜차이즈 창업은 실패 확률이 4/1로 줄어드는 부분도 있고, 한번도 해보지 않았던 업을 하다 보니 의지할 곳도 필요하기 때문이다.

프랜차이즈 창업을 통해 지속적인 가맹점 지원과 마케팅 활동 지원을 받고, 안정된 물류와 신메뉴 개발도 지속적으로 이뤄져 오랫동안 안전하게 운영할 것이라 생각하여 지금도 대부분의 창업자들은 프랜차이즈를 우선 알아본다.

제테크 창업

우리가 현 시대에 눈여겨봐야 할 부분은 또 있다. 장기적인 불경기로 인해 직장인들이 재테크나 창업에 높은 관심을 보인다는 점이다. 제테크는 주식, 코인, 부동산, 기타금융 투자를 통해 수익을 내는 부분이 대 다수였다. 하지만 시대가 바뀌어 창업도 제테크가 되는 시대에 우리는 살고 있다. 한때 퇴직자 또는 생계를 위해 창업하는 것이 대부분이었던 창업 시장에 '재테크'를 위한 직장인들의 창업 준비가 늘어나고 있다. 코로나 시기부터 가장 핫했던 무인 창업의 대부분이 제테크 창업에 관심을 보이는 직장인과 임대사업을 하는 건물주가 주로 이뤘던 점이 이를 바탕으로 한다. 하루 한번의 방문을 통해 운영 가능하고 업종도 무인 빨래방, 독서실, 의류점, 편의점, 아이스크림 전문점, 펫샵, 건어물, 밀키트 너무나 다양한 무인 업종이 생겨났다. 하지만 이 또한 경쟁이 치열하고 운영자가 없다보니 매출 또한 유인에 비해 현저히 낮다.

필자가 홈스밀, 짭쪼롬한 오후 등 100여개 점을 오픈했던 경험을 근거로 이야기하자면 무인 사업의 장점은 투자대비 효율성은 있다. 역시나 사람이 운영해야 할 수 있는 마케팅이 많다. 상품설명을 통한 권장 판매, 배달, 고객 니즈 파악을 통한 대처와 상품구색 등이 있다. 단점이 명확한 무인 창업에도 아직도 무인 매장을 제테크 창업으로 활용해 여러 개를 운영하는 투자형 창업자들도 늘고 있다. 분명한건 무인일수록 상권과 입지분석은 유인업에 비해 2배 이상 치밀하게 준비하고 판매전략도 더욱 신경 써야 한다.

창업을 준비하는 고객층을 상담하다 보면 연령별로 창업의 니즈가 다양하다. 그 중 30~40대 직장인들은 투잡, 즉 인생 이모작을 위해 재테크 등 경제력 향상을 위해 준비했었고 더불어서 인생에서 가장 하고 싶은 것으로 여행 다음으로 창업을 꼽았다. 그만큼 돈에 대한 관심이 많은 세대라고 볼 수 있다. 다만 인생 이모작을 위한 재테크와 창업 준비 문제로 자금과 시간 부족 등을 꼽았다. 이에 최근까지도 시간과 인력 없이 운영하면서 투자금 3천만 원 이내로 할 수 있는 무인 사업을 많이 하는 이유도 그런 현상이라고 볼 수 있다.

프랜차이즈 업계도 이와 관련해서 젊은 직장인을 위한 소자본 창업 아이템들이 나오고 있다.

10평 이하의 디저트 전문점, 인형뽑기, 인생네컷과 같은 무인 사진전문점, 길거리 음식을 재해석한 전문점, 각종 무인 전문점이 그 예로 들 수 있다. 특히나 무인사업은 구색이 승부수다. 단일 품목으로 무인점을 차리게 된다면 1년 안에 폐점을 경험하게 될 것이다. 특히나 운영주가 없는 무인은 고객응대와 서비스에 제한을 받는다. 기껏해야 할인으로 고객을 유입시키는 마케팅이 일쑤다.

해답은 많은 무인 매장의 폐업을 보면서 경험한 결론에 있다. 고객이 오게 만드는 것! 즉 고객이 필요한 구색이 지속적으로 이뤄져야 한다는 것.

다양성만이 승부수는 아니겠지만 서비스와 응대가 없는 업종은 다양성과 변화가 고객을 유입시키는 핵심이다.

하지만 잡화점처럼 보여서는 안된다. 예를 들어 우리가 브랜드가 아닌 보세 옷가게를 가보자~ 간혹 옷 가게 안에 한쪽에 액세서리나 가방, 구두가 일부 몇 개 진열되어 있는 걸 본 적이 있을 것이다.

우리는 옷 외에 액세서리와 가방, 구두를 구매하기가 쉽지 않다.

이유는 이미 우리는 옷 가게안에 구색용이라는 선입견을 가지고 있다. 그것은 상품이 좋지 않을 거라는 생각조차 떨쳐내기 어렵다.

반대로 한쪽 면의 진열장에 물건이 제대로 구현되고, 세팅되고 다양한 액세서리가 진열된다면 고객의 선택은 다르다. 이건 편집샵 느낌의 매장으로 느껴져 옷 이외에 다양한 구매까지 이르게 된다.

이렇듯 무인점을 하더라도 다양한 아이템이 필요하지만 너저분하게 진열되거나 상품 진열존이 구획이 되어 있지 않다면 이건 분명 잡화점 느낌으로 구매까지 가기 어렵다. 또한 최근 무인점 예로 최근 아이스크림 할인 무인점이 주변에 많이 보일 것이다.

1년 장사 중 2계절이 호황이고 2계절은 불황인 아이스크림 아이템상 비수기를 극복하기 위해서 무인아이스크림 할인점은 여러가지 상품들이 들어가고 있다.

필자가 경험한 아이스크림 무인점 방문시 아이스크림 냉동고 여러대와 한쪽 끝에 밀키트 냉동고가 덩그러니 초라하게 몇 개의 상품이 진열되어 있었고, 중앙과 키오스크 옆에는 각종 젤리와 과자 상품이 여러 곳에 80년대 슈퍼처럼 진열된 모습을 보았다.

그 진열 풍경이 그냥 보기만 해도 불량식품 같았고 저 끝에 있는 나홀로 냉동고에 비치된 밀키트는 몇 개만 초라하게 진열되어 있어서 자동적으로 유통기간을 확인하게 되었다. 그만큼 신뢰가 들지 않아 아이스크림 외에는 구매하지 않았다.

이걸 보고 인사이트를 얻어 최근 필자가 운영하는 브랜드 무인점에 아이스크림, 건어물, 밀키트, 각종 간식을 10여 평에 각 아이템별로 벽 칼라부터 아이템별로 브랜드 네임을 행인 간판이나 POP로 표현해 편집샵 느낌의 무인점을 개발하였다.

  비수기, 성수기, 연령별 제한이 없으며 상권에 따라 상품의 구색률이 바뀌기도 한다. 즉 상권마다 다른 상품 구조의 가맹점을 만들어서 시작한다. 그만큼 무인이 어려우면서 고민도 많은 아이템이다. 절대적으로 다양한 상품만 들어간다고 되는 게 아닌 그 상품을 잘 포장해서 고객에게 선택받을 수 있는 노력이 필요하다.

  무엇보다 예비창업자들은 위와 같은 업종을 정하고 본인에게 맞는 프랜차이즈를 찾아야 하는데 아직도 답답한 상황은 광고에 현혹되어 프랜차이즈 가맹점을 선택하고 운영하고 후회하는 상황도 여전히 존재한다.

프랜차이즈 불편한 진실

  필자가 볼 때 일부 프랜차이즈 가맹본부에서는 창업을 하기만 하면 쉽게 관리를 해주는 것만으로도 돈을 쉽게 벌 수 있을 거라고 보장하지도 않는 말로 설득하고 가맹본부에서 운영하는 상위 10%의 가맹점에나 가능할 만한 사례를 들어 다 성공할 수 있다는 기대감을 주어 창업을 유도하는 사례가 많다.

특히나 검증되지 않는 신생 프랜차이즈 가맹 본사들 중에 수익을 부풀리고, 특정한 날에 크게 오른 매출로 광고해서 예비창업자들을 끌어들이는 경우가 있다. 페이스북 및 인스타 광고를 통해 자신들이 운영하는 직영점 및 상위 몇 개 매장의 매출과 수익을 마치 전체 가맹점이 다 하는 것처럼 부풀리기도 한다. 그럴싸한 매장 이미지와 영수증 캡쳐 이미지 그리고 현혹되는 매출 숫자로 가맹점 모집에 힘을 쓴다. 아직도 우리는 이런 광고에 현혹되어 전화기를 눌러 상담을 받고, 잘 되는 몇 개의 매장을 방문해서 창업자 모집을 위한 특별 시식을 하고 스스로들 제대로 조사한 마냥 가족들에게 설명을 하기도 한다. 원하는 것만 보고 정작 꼭 봐야 할 것은 보지 못하는 현실이 아쉽다. 제대로 알아보기 위해선 먼저 선행될 몇 가지가 있다.

전체 가맹점의 지난 1년 간 폐업 수 그리고 정보공개서의 평균매출 확인은 필수다. 그렇다고 너무 서류만 의존해서도 안된다. 폐업이 많아도 여전히 잘되는 가맹본부는 많기에 무조건적인 판단은 자제해야 한다. 과정에서 오는 상권 분석의 실패일 수도 있고, 운영자를 잘못 컨택할 수도 있고, 지역에 맞지 않는 아이템일 수도 있기에 섣불리 선택은 금물이다. 그렇지만 대부분은 폐업수를 통해 가맹본부의 운영관리와 실제 상황을 객관적으로 볼 수 있으니 필히 확인하고 비교해야 한다. 그리고 가맹본부에서 추천하는 매장을 가보는 것보다 내가 운영하고 싶은 상권이나 입지에 가장 유사한 가맹점 모델을 찾아가서 직접 살펴봐야 한다.

이 말은 비슷한 상권 비교가 중요하다는 뜻이다. 내가 주거상권에 창업하는데 오피스 상권과 역세권이 있는 상권에서 아무리 자세히 조사해 봤자 그게 무슨 의미인가? 비교대상 자체가 틀렸다는 것이다. 또한 운영자의 영업력과 운영형태의 차이도 봐야 한다. 난 초보 창업인데 비교할 매장 점주는 장사 경험도 많고 가족 경영으로 탄탄한 서비스와 운영이 가능하다면 비교 또한 어렵지 않을까? 초보창업이면 창업 전에 여러 간접 상황들을 공부를 많이 하고 오픈하기를 바란다. 결론은 객관적인 비교가 필수임을 잊지 말아야 한다.

앞서 말했듯이 꼭 생계형 창업처럼 온종일 매장을 지켜야 하는 창업만 있는 것은 아니다. 직장을 다니면서도 내 사업을 할 수 있는 창업 아이템이 곳곳에 존재한다.

언택트 트렌드가 확산되는 만큼 직장인들에게도 '투잡'의 기회는 곳곳에 있다. 국내 카페 가맹본부 중 한 곳에서는 인공지능 기능이 탑재된 무인 커피 벤딩머신을 소개하며 자투리 공간의 자판기 창업이나 소형 점포의 무인 카페에 대한 가능성을 보여주었다. 최근에는 대만 샌드위치 브랜드에서도 샌드위치 자판기 사업을 준비 중이다. 이미 우리는 비대면 서비스에 익숙해져 있고 공간만 마련된다면 무인 자판기 하나로 또 다른 수익을 창출할 수 있는 시대에 있다. 엄청난 수익을 올릴 수 있다고 보기보다는 투자 대비 효과가 높을 것으로 예상되기 때문에 하나의 재테크로 생각하고 투자하기 좋다. 주식과 부동산의 산유물이었던 제테크가 이젠 창업시장에서도 시작되려는 조짐을 보이고 있다. 다만 성공의 여부는 조금 더 지켜봐야 할 것이다.

무인 창업만큼 투잡 창업에 탁월한 아이템은 없을 것이다. 시간의 한계를 없애 창업자의 시간 부족을 해결하고 소비자들이 시간에 구애받지 않고 합리적으로 편리하게 이용할 수 있다는 점이 특징이다. 또한 창업자가 원하는 시간에 매장 운영이 가능하고 인건비 제로, 최소의 운영비로 매장 관리가 가능하기에 매우 좋은 창업 아이템이라고 본다. 필자가 전문으로 하고 있는 외식 프랜차이즈업계의 경우는 최근 무인도 포장 및 배달 형태의 전문매장이 생겨 부가적인 수익도 창출이 가능하다. 최소한 코로나 시기에 오히려 점포비 포함 1억 가까이 필요했지만 최근에는 3,000~5,000만 원 규모 창업모델이 큰 인기를 끌고 있다.

그 외 가맹본부에 납입하는 가맹비와 교육비가 면제라 투자 비용에서 제외되는 게 현실이다. 국내 심각한 경기침체를 겪고 있다고들 하지만 오히려 지금 이야기야 말로 위기 속에 기회가 있다고 봐도 무방하다. 투잡을 꿈꾸는 예비 창업자에게 희소식이라고 할 수 있다. 예전에는 투자 비용이 적으면 이익도 적은, 운영자 인건비만 나와도 만족하는 소자본 창업이었다. 하지만 최근에는 배달 매출이 홀 매출을 따라잡는 시대이기 때문에 소자본 창업은 아이템만 잘 잡고 가성비, 상품패키지, 고객과의 소통만 잘 이루어진다면 얼마든지 고

수익을 올릴 수 있다는 것이 장점이다.

과거 2020년 이전에는 중대형 프랜차이즈 그리고 브랜드 인지도로 매출을 견인했던 창업 시장이었지만 코로나19 이후 소비 형태가 변화했고 그로 인해 점점 작고 강한 소형 배달형 프랜차이즈의 강세가 주목되며 또 다른 창업모델 채널로 자립할 것이라고 본다. 필자가 볼 때 최근 배달 및 포장 전문점 등을 활용한 소자본 창업에 관심을 갖는 예비창업자들이 늘고 있는 것은 사실이며, 과거 대형 매장 위주의 창업이 전부였던 것과 달리 최근에는 소규모 매장 창업이 프랜차이즈업계의 트렌드로 자리잡고 있다. 다만 소규모 창업에도 분명히 단점이 존재한다. 진입장벽이 낮아 창업이 쉬운 만큼 경쟁이 치열하고 그로 인해 이탈하기도 쉽다. 이를 예방하기 위해서는 철저한 시장조사와 본사의 R&D 능력, 오너의 철학을 반드시 확인한 후에 창업해야 한다. 이처럼 현 시장은 코로나19 이후 무인으로 창업하여 '월급 외 수입'을 원하는 이들이 많아지고 있고, 적은 돈으로도 충분히 창업할 수 있는 30~40대의 창업자가 점점 늘어날 것이라고 본다.

_ 창업에 호황은 없다. 준비된 창업자만 있을 뿐이다.
_ 가맹본부 선택 시 광고보다 객관적인 나와의 비교가 먼저다.

개인창업과 프랜차이즈

국내 개인창업과
프랜차이즈 창업의 현재

　현재의 사회는 경제 권력에 의해 불공정한 대우를 받던 모든 경제적 약자의 권리를 되찾아 주어야 한다는 목소리가 힘을 얻고 있고 정치권에서도 경제민주화를 주장하며 이러한 논의를 이끌고 있다. 약자의 아픔을 공감하며 갑질하는 강자가 몰락하길 바라는 사회가 지금 이사회가 아닌가 한다.

　유튜브와 SNS만 봐도 갑질 프레임에 잘나가던 연예인과 기업인 그리고 유명인들이 하루아침에 몰락하는 모습을 보면서 권선징악의 결과로 칭하고 삽시간에 모든 SNS상에 도배가 된다. 그렇다면 프랜차이즈 분야는 어떠할까?

　현 시대는 지금 유독 프랜차이즈 분야에 각종 비판과 규제강화가 집중되고 있다고 생각한다. 마치 프랜차이즈 분야가 갑을 논쟁, 경제민주화 논쟁의 중심지로 간주되고 있는 것 같아 안타깝다. 프랜차이즈 사업방식은 경제 성장과 고용 증진에 미치는 효과가 큰 매우 혁신적인 비즈니스모델이다. 그래서 세계 각국은 자국의 프랜차이즈를 육성하거나 글로벌 프랜차이즈를 자국 시장에 받아들이기 위해 많은 노력을 기울이고 있는 상황이다. 우리나라도 국내 도입 40년 만에 시장 규모 120조 원, 고용 인구 125만 명의 거대 산업분야로 성장하여 우리 경제의 큰 축을 담당하고 있다.

대부분이 대기업이 아닌 중소기업에서 운영하는 산업이고 자영업 대상으로 운영하기에 항상 민감하거나 뜨거운 관심사였다. 이런 상황에 가맹본부가 가맹점에 불공정한 관계가 나오게 된다면 예전과 다르게 모든 이목이 집중되고 가맹본부의 이미지가 순식간에 나락을 가곤 한다. 물론 이면에는 자격 미달의 가맹본부의 난립을 막대한 피해를 입은 가맹점주가 있기에 이런 상황을 초래했지만 전체를 가맹본부의 잘못으로 보기도 어렵다.

현재는 공정거래위원회를 통한 규제와 정책을 통해 무분별한 가맹본부의 생태계를 단속하고 있으며, 프랜차이즈 산업계 내부의 자율적인 자정 노력 또한 확산되면서 가맹사업의 안정성과 공정성이 선진국 수준으로 크게 향상되고 있다.

현재 외식업계에 있어서는 주변에서 흔히 보게 되는 자영업으로 부르는 개인창업 형태이거나 아니면 프랜차이즈 가맹점 창업으로 크게 두 가지로 나뉜다. 즉 예비창업자는 대중적으로 알려진 공동브랜드를 사용하는 프랜차이즈 가맹점이나 자신이 만든 독립적인 브랜드를 내걸고 영업을 하는 개인창업, 두 가지 중 하나를 선택하여야 한다.

물론 직영점 위주로 운영하는 대개는 대기업 계열사가 운영하는 브랜드와 외국계 브랜드들도 있다. 하지만 이 브랜드들은 소자본 자영업자에게는 창업 기회를 제공하지 않는다.

그러다 보니 불안정한 신생기업이나 중소형 기업이 운영하는 프랜차이즈 가맹본부 중에 선택을 하는 게 대다수라고 볼 수 있다. 그러다 보니 개인적인 취향, 경험, 정보를 통해 우리는 좋은 프랜차이즈 가맹본부를 선택해야 한다.

예비창업자에게는 프랜차이즈 사업의 가장 큰 장점 중 가장 핵심이 노하우 전수이다. 점주가 특별한 경험이나 기술을 갖추지 않았더라도 가맹본부의 운영경험과 교육 그리고 다양한 마케팅 지원에 의해 운영할 수 있다는 장점이 있다.

더불어서 오픈 개점까지 본사 전문가를 통해 필요한 환경 분석과 상권 입지 분석 등 사업 타당성 분석부터 사업 개시를 위한 각종 인허가와 세무에 대한 조언, 인력 조달, 직원 훈련, 시설 인테리어 공사, 안정된 식자재 공급 등 혼자 처리할 경우 많은 시간과 노력 및 시행착오에 의해 발생할 수 있는 손실을 최소화하고 이를 예방해준다. 또한, 개점 후 운영 과정에서도 프랜차이즈 가맹점은 본사의 슈퍼바이징을 통해 상권의 변화나 소비자 니즈의 변화, 빠르게 변화하는 트렌드에 신속하게 대응하고 주변 경쟁 구도의 변화에 대처할 수 있게 도움을 받는다.

사실 개인 창업자가 소비자 니즈와 트렌드의 신속한 변화를 분석하고 이에 맞춰 새로운 메뉴를 지속적으로 개발하는 것은 매우 어려운 일이다.

메뉴 하나를 새로 만들기 위해서도 정해진 메뉴 개발 프로세스에 따라 실패를 최소화하여 위험을 낮추기 위해 다양한 사전 시장조사와 시식 등 시장테스트를 거쳐 여러 단계 검증을 거치게 된다. 이런 절차를 개인창업자가 홀로 감당하기는 어렵다.

반대로 프랜차이즈 가맹점은 경쟁 점포의 개점이나 상권의 변화로 인해 예상되는 매출 부진에 대처하도록 문제점을 진단하고 이를 해결할 수 있는 처방을 본사로부터 지원받는다.

계절에 따라 절기나 기후, 명절이나 입학·졸업 시즌 등을 이용하여 각종 판촉 행사를 전개하는 계절 마케팅을 활용하고 커다란 축제나 게임이 벌어지는 대형행사에 걸맞은 대규모 마케팅 활동을 통해 상당한 매출을 올리기도 한다. 가맹점은 해당 지역의 점포에 필요한 표적 마케팅 전략을 지원받을 수 있으며 불특정 다수의 고객에게 브랜드를 알리기 위해 미디어 광고는 물론 트위터나 페이스북 등의 SNS를 통해 다양한 홍보를 지원하며 LSM(Local Store Marketing, 지역 점포 마케팅) 지원을 전개하기도 한다.

이처럼 각고의 노력을 통해 비즈니스 수익 모델을 정립하고 이를 표준화, 전문화, 단순화시켜 가맹사업을 전개한 후 일정 기간 대중의 검증을 거쳐 하나의 프랜차이즈 브랜드가 만들어진다. 많은 가맹점을 가진 프랜차이즈 브랜드는 그만큼 많은 사람의 선택을 받아 다점포를 보유하게 된다. 이로 인해 브랜드 인지도와 신뢰도가 형성되고 규모의 경제로 인해 가격 경쟁력과 품질 경쟁력을 확보하게 됨으로써 사람들 사이에서 브랜드 파워가 안정적으로 자리를 잡게 되는 것이다. 그러므로 프랜차이즈 창업이 독립창업에 비해 3~4배의 생존력이 담보된다. 실제로 외식업종에서는 프랜차이즈 가맹점의 생존률이 독립창업에 비해서 최대 5~6배 높다는 것이 정설로 받아들여지고 있다.

이런 관점에서 로열티나 부대 비용을 지불하더라도 본사가 가맹점 지원 OS프로그램(운영체계)에 지속적으로 투자하는 프랜차이즈를 선택하는 것이 바람직한 대안이 될 수 있다.

좋은 프랜차이즈를 선택하기 위해서는 앞서 언급한 OS의 확인 외에 다음과 같은 부분을 반드시 점검해야 한다. 가맹본부에 대한 뉴스보다 가맹점의 뉴스가 더 많이 검색되는 브랜드(인터넷 포털사이트에서 검색 가능), 가맹점 지인들이 대거 참여하고 있는 브랜드(운영 중인 가맹점에 방문하여 확인), 가맹본사 직원의 가족들이 대거 참여하고 있는 브랜드, 가맹점의 생존권에 해당하는 영업권역을 넓게 주어 배후 상권이나 고객 수를 많이 주는 브랜드(계약 시 확인)는 성공할 것이라고 확신한다.

피해야 할 프랜차이즈로는 가맹금이나 로열티를 면제하는 브랜드

(다른 방식으로 수익 취함), 메뉴에 직접적으로 영향을 주는 원재료가 아닌 인테리어 공사 등을 본사가 지정한 곳으로 고집하는 브랜드(가맹점 매출 증대로 수익원을 찾아야 함), 계약갱신 요구권은 일반적으로 10년인데 초기에 계약부터 짧게 요구하는 브랜드(계약 시 확인), 가맹점의 생존권인 영업권역을 지나치게 좁게 설정하는 브랜드(영업 권역 내 고객 수가 많아야 함, 계약 시 확인) 등이다. 좋은 이면에는 많은 사기와 거짓과 포장도 따른다.

가맹본부 선택 시
갖춰야 할 두 가지 키워드

그중 가장 큰 첫번째 키워드는 '신뢰' 다

오픈 전에 했던 약속과 지원과 꿈 같은 희망을 주고 오픈 후에는 점주의 운영책임으로 설명하고 약속 또한 구두로 했기에 이런저런 핑계로 미뤄지고 서로의 입장 해석과 회사 상황, 타 가맹점의 형평성을 핑계로 점주를 논리적으로 설득한다.

점주들은 울며 겨자 먹기로 자포자기 하면서 가맹본부를 신뢰하지 않고 자생하는 가맹점이 대다수일 것이다. 본사와 점주의 신뢰가 형성 되어 있는 프랜차이즈는 감히 말하지만 대한민국 가맹본부 중

20%도 안된다. 아니 어쩌면 더 없을 것이라고 본다.

결국 가맹점 또한 기본적으로 스스로 운영하면서 성공해야 하는 셈이다. 오픈 이후는 본부에게 의지할 부분이 메뉴개발과 안정적인 물류와 브랜드 마케팅 외에는 크게 기대하면 안된다. 이마저 못하는 회사가 80%라고 생각한다. 이에 필자는 본부의 역할은 브랜드 영업 담당자의 브리핑이 아닌 현재 운영하고 있는 점주에게 들어야 한다고 생각한다.

매출은 상권이나 운영주체에 따라 다양한 결과가 도출되므로 개별적으로 인근 가맹점 매출을 알아봐도 그마저 나와 맞지 않는 상황이 대다수다. 다만 참고만 할 뿐이다. 그것도 1년도 안된 매장이라면 매출을 신뢰하기 어렵다. 오픈 초기 매출과 이후 매출은 엄연히 차이가 발생하며 행사와 계절적인 영향도 작용한다.

새롭게 오픈한 가맹점일수록 가맹본부의 지원과 관심이 초기 많으며 해당 상권에 고객들도 초기에는 호기심으로 이용고객수가 많아 매출도 좋기 마련이다.

당연히 이런 이유로 초기 점주 만족도가 높을 것이다. 하지만 오픈 후 1년이 되는 시점부터 진짜라고 봐야 하지 않을까 생각한다.

완벽할 수는 없지만 적어도 모든 업무가 가맹점을 위해 일하는 회사를 찾는 게 프랜차이즈 가맹점이 아닐까 한다.

두번째 키워드는 '공생'이다

　가맹사업은 소비자를 상대로 수익창출을 위해 가맹본사와 가맹점 간에 계약 관계로 이루어진다. 그러므로 가맹본부와 가맹점 간의 직접적인 관계이다.
　또 하나의 축은 가맹점과 고객과의 관계이다. 고객은 비대면이든 대면이든 가맹점을 이용하여 매출을 발생시킨다. 그러므로 가맹점과 소비자는 직접적인 관계이다. 또 다른 한 축으로 가맹본사와 공급업체가 있다. 가맹본사는 가맹점에 양질의 제품을 저렴하게 공급하기 위해 공급업체를 선정한다. 공급업체 역시 가맹본사와는 직접적인 계약관계이다.
　이와 같이 프랜차이즈 시스템은 가맹본부, 가맹점, 소비자, 공급업체라는 4개의 조직체로 구성되며 이들은 법적으로 독립적이지만 경제적인 관점에서는 상호 의존적이며 소비자의 관점에서는 최종적으로 운영상의 일체성 및 통일성을 유지하는 것이라고 할 수 있다.
　프랜차이즈 시스템의 목표는 공생(symbiosis)이며 시스템은 상호 공생적 관계(symbiotic relationship)를 유지해야 한다. 따라서 이들 프랜차이즈 기업(Franchise Enterprise)은 서로를 돌보면서 살아가는 것이 함께 살아가는 공생의 원리이다. 여기서 프랜차이즈 공생의 핵심은 "가맹점이 살아야 가맹본사도 살 수 있다"이다.
　가맹사업의 원리는 누가 주체인가를 떠나 공생관계가 기본이다.

물론 고객과의 접점에서 직접적인 관계에 있는 가맹점 역시 특정 가맹점의 귀책 사유로 인해 다수의 다른 가맹점에도 심각한 피해를 줄 수 있다는 점을 절대로 간과해서는 안 될 것이다.

공생을 외면한 프랜차이즈 업계의 사건들이 있다.

2011년 A브랜드의 특정 가맹점에서 고객이 먹다가 남긴 음식을 재사용하는 장면이 미디어를 통해 알려졌고, 또 일부 재료의 경우 본사가 공급하는 국내산이 아닌 저렴한 중국산을 사용했다는 것이 밝혀졌다. 그간 국산 재료를 사용하는 것으로 알고 있던 소비자들의 공분을 사면서 전체 매장의 매출이 곤두박질쳤고 가맹본부도 심각한 경영 위기에 놓였던 사건이었다. 결국 본사는 1,200여 개의 가맹점에 미칠 피해를 최소화하기 위해 해당 가맹점 2곳을 계약 해지하고 손해배상을 청구하면서 사건은 마무리되었다.

또 2017년 B브랜드는 갑질 사건으로 논란을 빚었다. 이 사건에서 무죄 판결을 받기는 했지만 이후 오너의 배임·횡령 사건이 불거지면서 소비자로부터 외면을 받아 브랜드 이미지에는 심각한 타격을 입었다. 이는 가맹점의 매출 부진으로 이어졌고 본사마저 5년 이상 적자가 지속으로 상장되어 있던 주식이 거래정지를 받는 등 어려움을 겪다가 결국 M&A를 통해 회사를 매각함으로써 일단락이 되었지만 남아 있는 가맹점은 아직도 어려움을 겪고 있다.

이뿐 아니라 가맹본부 오너가 마약혐의로 '마약○○버거'라는 오명을 남긴 사건, 성희롱 사건으로 '성희롱○○치킨' 등 최근에는 커피전문점에서 판매대 안쪽에서 발에 각질을 벗기는 작업을 하다 영상에 찍혀 '각질커피'라는 오명을 뒤집어쓴 ○○커피, 공장에서 작업자가 사망하는 사건으로 불매운동까지 했던 ○○베이커리 전문점 이 사건에서 알 수 있듯 가맹본부의 잘못이든 가맹점의 잘못이든 동반자적인 관계에 있는 이들 모두에게 매출 부진 등의 심각한 영향을 준다는 것을 확인할 수 있었다.

이들의 관계는 떼려야 뗄 수 없는 불가분의 관계이며 가맹본부와 가맹점 모두 소비자로부터 자유로울 수 없다. '비가 온 뒤에 땅이 굳는다'는 말이 있듯이 이제부터라도 공생의 정신으로 똘똘 뭉쳐야만 소비자에게 신뢰받는 브랜드로 거듭날 수 있다.

프랜차이즈 비즈니스에서 진정한 의미의 공생이란 강자와 약자의 관계, 갑과 을의 관계가 아닌 동반자의 관계임을 명심하고 서로 이익을 볼 수 있는 공생 관계를 이어가야 할 것이다.

_ 운영시스템을 갖춘 가맹본부를 찾아야 한다.
_ 가맹금, 로열티, 교육비 면제에 혹하지 말자.
_ 가맹본부의 신뢰는 운영점주에게서 들어야 한다.
_ 프랜차이즈의 핵심은 '공생'이다.

창업시장 변화
"앉아서 기다리면 손님이 온다?"

창업에 있어서 가장 중요한 몇 가지 요소를 꼽으면 창업아이템, 운영자, 점포, 기술, 노하우 등이다. 그 중에 흔히 운영과 점포는 불가분의 관계로 맺어져 있다. 운영은 소비 트렌드를 즉각 반영하고 점포는 운영 최전선에서 시작된다. 그런 정석적인 창업에서 최근에는 점포를 거치지 않고 바로 소비자에게 도달하는 채널이 대세를 이룬다. 아직도 점포는 여전히 운영·영업의 최종 단계 역할을 한다. 다만 점포는 지역을 단위로 그 지역 주민들과 연결되어 있다는 점이 특징이다. 지역의 맛집을 가보면 과거에 정말 대박집인데 현재는 지역 맛집에서 과거의 향수를 자극하는 음식점이 종종 보인다.

변화되지 않는 메뉴와 같은 서비스로, 과거의 영광에서 벗어 나오지 못하고 마치 노하우를 가진 대박집에 사로잡혀 변화되지 않고 지금의 트렌드를 받아들이지 않고 점포에 적용시키지 않는다면 점포의 지역적 한계라는 특성에 부딪히고 새롭게 진입하는 2030고객의 외면으로 낭패를 볼 수도 있다.

반대로 한 상권 내에서 소비 트렌드가 충분히 자리잡을 때 비로소 점포매출에 유의미한 긍정적 영향을 미칠 수 있다. 게다가 현재의 점포는 앉아서 기다리면 찾아오는 전통적인 오프라인 점포로서의 역할을 넘어서야 한다. 지금은 IT화, 배달, 초개인화 및 시시각각 변하는 트렌드에 대응해 일대일 마케팅 전략도 짜야 하는 멀티플레이어가 되어야 한다.

누군가는 아직도 '음식점은 맛있으면 된다' 라고 한다. 물론 가장 중요한 부분이지만 결코 오래가지는 못할 것이다. 대박집을 카피한 프랜차이즈 브랜드만 봐도 알 수 있다.

예로 ○○핫도그 전문점이 히트하니 수십개의 핫도그 브랜드가 나왔고, 최근 탕후루 전문점도 가맹점 수가 수백개가 되고 커피브랜드도 지역 경쟁이 치열하다. 그러나 현재 폐점도 많고 줄 서던 소비자들도 예전 같지 않다. 품질과 좋은 서비스, 위치가 좋아도 반드시 고민해야 할 부분은 최근에 급변하는 소비자 트렌드를 외면한다면 언젠가 인근 부동산에 점포를 내놔야 할 것이다.

최근 점점 늘어나는 귀차니스트들의 니즈를 충족시킬 만한 편의성 강화는 점포의 한계를 넘어서고 있기에 O2O(Online to Offline) 점포가 확산될 것으로 예상된다.

인터넷과 스마트 모바일은 인간에게 개성과 자유를 주었지만 인간의 참을성도 빼앗아갔다. 타인과 나를 공유하는 SNS는 인간 정체성의 복합성을 더욱 확장시키고 있다. 과거 소비자는 1년이나 반년

마다 니즈가 변했다면 이제는 분기마다 혹은 매달 변하는 변덕스러움을 표출하고 있다. 참을 수 없는 존재의 가벼움 그 자체로 변화가 생긴다. 이러한 소비자의 기호 변화에 대응하는 점포만이 생존할 수 있다.

우선 신메뉴를 주기적으로 출시해야 한다.

키오스크 및 스마트오더 앱을 통한 언택트 주문 시스템을 고민할 타이밍도 눈여겨 봐야 하고, 포장과 배달의 융합 등으로 온라인과 오프라인의 장점이 적절하게 융합된 점포가 뜰 것이라 본다.

앱을 통한 사전 주문으로 단체고객을 확보하는 점포도 증가할 것이고 이벤트성으로 한정판 메뉴를 선보이면서 시시각각 변하는 소비자의 마음을 따라잡는 마케팅도 필요하다. 그리고 가맹본부와 가맹점은 혁신해야 생존할 수 있다. 업계경쟁이 점점 심해지고, 인건비 등 비용은 더 오르는 외식업 창업 환경에서는 혁신적인 메뉴를 선보이는 길이 가장 좋은 생존전략이 된다. 특히 한식의 경우 증가하는 외국음식과 HMR, 밀키트 식품 등 쏟아지는 음식 공산품, 그리고 점점 입맛이 까다로워지는 소비자들의 니즈에 대응하는 길은 메뉴 개발뿐이라는 것이 외식 전문가들의 한결 같은 견해다. 이러한 메뉴 개발로 고객 만족도를 높인 업종이 선전할 가능성이 높다.

_ 메뉴 개발은 주기적으로 출시해야 오래간다.
_ 외식창업도 영원한 승자는 없다. 늘 변화하고 재미를 줘야 한다.

프랜차이즈 창업 3년 주기 법칙

누군가는 창업 전에 항상 이런 질문을 한다. 예외가 없는 것 같다. "김소장 요즘 뭐하면 잘돼? 뭐가 좀 대박 나려나?" 너무나 흔한 화두면서 정석처럼 내뱉는 멘트다.

대한민국 국민의 보수적인 성향을 단편적으로 보여주는 질문이자 대부분 남이 해서 대박나는 사업을 하고자 하는 특징이다.

우리는 예로부터 공동체에 중점을 두고 두레, 품앗이 문화 뿌리에 익숙한 우리에게 타인의 일거수일투족이 관심의 초점이고 핫이슈가 아닐 수 없다. 좋은 건 모방하고 배우려는 열의가 차고 넘치다 보니 현재와 같은 대한민국의 영광이 있는지 생각해보았다.

패션, 음악, 음식, 각종문화는 항상 유행이란 가두리 안에서 주기적으로 돌고 돈다. 문제는 맹목적으로 유행에 따르고자 하는 우리들의 성향, 즉 다들 하는 것이 안정적인 것이다. 그리고 '좋은 것'이라는 생각이 창업 분야에서는 맹독이 될 수 있다. 물론 유행하는 창업 아이템 즉 소위 뜨는 아이템을 초반에 선택했다면 큰 문제는 없다.

유행하는 동안 충분한 수익을 확보하고, 유행이 꺾이는 시점이 되었을 때 권리금을 받아 재빨리 매각하고 다른 아이템으로 갈아타면 그만이다. 물론 다른 아이템을 다시 고른다는 게 아쉽게도 보장받을 수 없다. 문제는 예비창업자들의 대부분이 이러한 얼리어답터가 아니라는 점이다.

자 그럼 지난 10년간의 창업 시장 유행에 대해 언급하고 가야 하기에 잠시 내 주변 상권과 이용하는 상권에 잘 하다 사라진 아이템에 대해 생각해 보자.

한때 레트로적인 아이템이 인기가 있었다. 음악, 패션, 인테리어, 음식 등 다양한 분야에서 현 세대 젊은 층에게 인기를 얻고 있었다.

기성세대에게는 과거의 추억을 사게 했고, 현 세대에게는 호기심으로 다가왔다. 그중 외식 분야를 예로 들어보면 과거의 60년대 이상 기성세대들에게 인기가 많았던 카스테라 빵을 기억할 것이다. 그 아이템을 재해석하여 최근 카스테라 크기를 거대하게 만들어 그 안에 크림을 넣어 만든 대왕 카스테라 전문점이 생겨 우후죽순 시장에 자리잡았다. 백화점, 마트, 일반 주거상권부터 역세권 어디든 오픈하였고 브랜드도 여러가지 브랜드들이 생겨나기 시작했다. 하지만 빠르게 성공한 만큼 3년을 넘기지 못하고 사라졌다.

우선 호기심으로 먹었던 젊은 세대의 이탈이 컸고 과거 향수로 먹었던 기성세대들도 재방문이 예전만큼 생기지 않았던 상황에 높은 임차료와 다른 브랜드와의 경쟁, 인건비 상승 등 적당한 매출로는 유지하기 어려웠다. 결국 유행아이템으로 우리의 기억에서 사라졌다. 이런 유사한 아아템으로 수많은 디저트 전문점도 피해 나갈 수 없었다.

호두과자, 핫도그, 꽈배기, 와플, 감자튀김, 수제버거, 과일쥬스 전문점 외 수도 없는 길거리 음식을 재해석하여 나온 전문점들이다. 이런 아이템 창업은 소자본 창업비로 점포비 제외 3~5천만 원 내에 창업이 가능하여 현실적으로 소자본을 희망하는 창업자들에게 선풍적인 인기로 성공을 거두었다. 하지만 이 역시 유행에 민감한 대한민국에서 3년을 버티기 어려웠다.

또한 다른 업종으로 그리고 주류업계에서도 한 때 폭발적인 인기의 가맥집 형태의 스몰비어 전문점 ○○비어, ○○살롱 및 기타 레트로적인 옛이름을 내세워 골목시장을 장악했고 현재는 많은 폐점으로 잘 찾아보기 어려워졌고, 또한 레트로 포장마차도 3년을 넘기지 못했다. 마찬가지 이유로 경쟁사가 늘고, 매장분위기, 메뉴 그리고 더 좋은 후발주자의 등장으로 결국 시장에서 도태되었다.

그렇다. 결국 고정되고 진입장벽이 낮은 창업아이템은 롱런할 수 없다. 창업에는 반드시 유행하는 시기와 떠나는 시기가 존재한다는 가정하에 창업시장을 바라봐야 한다. 그렇다면 예비창업자들은 어떠한 업체를 고르느냐에 따라 성공과 실패로 나눌 수 있다.

이런 3년 주기에 해당되지 않는 기업 중 대표적인 M사 핫도그는 다른 핫도그 전문점과 달리 포장패키지와 소스 그리고 다양한 아이템을 지속적으로 개발하여 후발주자를 따돌렸고 지금은 유행주기에서 벗어나 안착한 케이스이다. 결국 외식업은 메뉴개발에서 꾸준히 투자하고 개발되어야 고객이 끊이지 않고 유지된다.

반대로 시대의 유행과 흐름만으로 가맹점 오픈만 주력했던 브랜드는 잊혀지는 게 당연한 결과이다. 본질보다 잿밥에 관심이 많아 나락간 경우라고 볼 수 있다. 가맹점부터 살아야 본사가 사는 단순한 구조를 본사부터 살려 했기에 폐망했다고 보아야 한다.

최근에는 탕후루 전문점이 대표적인 사례다. 현재 진행형이지만 이미 큰 인기는 끝나고 폐점이 늘고 있는 분위기다. 이 또한 같은 이유로 설명할 수 있다.

예로 유행에 민감한 영역에 노래 부르는 가수들도 유행하는 직군이다. 한때의 인기에 취해 노력 없이 행사나 다니고 자기관리 노력 없이 즐기다 잊혀지는 추억의 가수들도 있고 늘 한결같이 노력하고, 꾸준히 작곡도 하고 새로운 세대와 콜라보 앨범도 내고, 자기관리를 잘하는 가수들 그런 사람을 우리는 시대를 넘어 레전드라고 부른다.

프랜차이즈 창업도 비슷하다. 어떤 본사를 선택할지는 다시 한번 고민해 봐야 한다. 결국 어떤 아이템도 3년 주기에 해당한다. 하지만 벗어나는 브랜드가 있다는 점 반드시 기억해야 한다.

결국 본질에 지속적인 노력 없이는 결국 어떤 사업도 오래 가지 못한다는 점을 꼭 알고 프랜차이즈 창업 준비를 해야 할 것이다.

_ 3년 주기의 유행에서 벗어나자 본질에 투자하는 프랜차이즈 가맹본부를 찾자
_ 쉽게 성공한 아이템일수록 더욱 세심하게 살피자

프랜차이즈 창업 tip 5

인지도보다
선호도

프랜차이즈 창업을 준비한다면 뭐부터 시작할까? 스마트폰을 열어 검색창에 정보를 알아보는 게 제일 우선일 것이다. 어찌 보면 당연한 순서이다. 하지만 정보의 홍수 속에서 너무 쉽게 정보를 찾다 보니 스스로 함정에 빠지는 경우도 있다.

알고리즘, 즉 우리가 검색을 하고 관심 키워드를 검색창에 누르고 SNS상에도 검색하고 찾다 보면 계속해서 따라붙는 광고로 피로감을 느꼈을 것이다. 또한 그중 관심 가는 프랜차이즈 가맹본부 홈페이지에서 정보를 검색했는데 화려한 팝업창에 매출광고, 가맹점 오픈소식, 이벤트, 할인 등 여러 광고로 뒤덮여서 피로도가 높았을 것이다.

문제는 이후 그 홈페이지 광고가 지속적으로 따라오는 경험 또한 했을 것이다. 이걸 요샛말로 '스며든다' 라고 표현한다. 창업에 관심 있는 분 대상으로 타겟 광고를 했고 접속자 대상으로 리타게팅 광고를 통해 지속적으로 노출하게 만들었기 때문이다.

이게 많이 보다 보니 인지도가 높고 자주 보여서 현혹되는 예비창업자들이 있어서 다른 곳을 보지 않고 좁아져서 창업으로 이어지는 경우 또한 많이 보았다.

한마디로 정리하면 "돈들인 광고에 현혹되지 말자" 진짜는 그렇게 안 해도 가치가 있다. 빈수레가 요란한 법이다. 이걸 잘 보기 위해서는 실제로 나에게 맞는 상권별 분석을 통해 브랜드 선호도를 파악해야 한다.

예로 나는 파주 운정신도시에서 창업을 하고 싶어 한다고 가정하고 특정 브랜드 검색을 통해 상담을 받았다고 하자 그런데 상담을 도와주던 본사 직원이 서울 핫플레이스로 유명한 연남동 가맹점과 성수동 가맹점 매출을 보여주고 해당 매장 상권 답사를 통해 설명과 시식지원도 하면서 당신도 이렇게 할 수 있다고 하면 이게 과연 내가 하려던 신도시 상권도 같은 효과가 나올까? 고민해야 한다.

물론 두 핫플레이스인 연남동과 성수동에서 잘나가는 음식점이 파주 운정신도시에 입점하면 일시적인 효과는 있을 수 있겠지만 그건 오래가지 못한다.

이유는 상권이 다르고 고객 유입이 다르다. 다시 말해 파주 운정신도시 고객의 90프로는 거주민 위주의 장사이고 두 핫플레이스 상권은 매번 다른 사람들이 오는 상권이다. 즉 재방문이 중요한 파주 운정신도시 상권과 신규고객이 많은 핫플레이스 상권과 비교 자체를 한다는 게 시작부터 다르다는 것이다.

결론은 인지도가 아니라 내가 할 지역에 맞는 선호도가 높은 아이템과 브랜드를 택하여야 하기에 본사 직원에게 파주 운정신도시와 가장 유사한 상권의 정보를 받아 비교하는 게 현명하고 안전창업으로 이어진다고 본다. 하지만 아직도 대부분의 예비창업자들은 온라인의 정보나 본인들의 경험으로 인지도가 높은 브랜드를 선택한다. 복싱도 체급이 있듯이 프랜차이즈 창업도 비교 대상을 제대로 보고 비교해 봐야 한다.

매출의 함정에서 벗어나자
포장과 사기의 한 끝 차이

창업에서 가장 중요 한 건 매출이다. 매출이 좋아야 돈을 벌고 수익으로 행복하게 산다. 이게 기본 개념 아닌가? 그래서 프랜차이즈 가맹본부는 이 매출에 포커스를 맞춰 예비창업자를 모집한다.

어떤 방법을 통해서라도 매출을 올려서 예비창업자들에게 '와우'라는 소리를 듣게 하고 사업설명회 및 창업박람회를 통해 홍보해서 가맹모집을 해야 하니 제1의 목표가 매출이다. 그렇다면 정말 음식이 맛있어서, 입지가 좋아서, 서비스가 좋아서 대박이 날까? 아니면 그냥 성실하게 최선을 다해야 성공할까?

매출의 함정은 매우 단순하다. 우선 가맹사업을 하는 가맹본부는 단순하다. 장사 잘하는 몇 개의 매장을 통해 수백개의 가맹점을 모집해 기업화 한다고 계획을 짠다.

그렇다. 특정 직영점을 통해 광고와 할인행사, 서비스를 최상으로 해서 우선 매출을 올리게 되어 정말 줄을 서게 되고 내부에 손님들로 꽉 찬 모습이 수개월 지속된다면 그 안에 가맹점은 수십개가 될 테니 손해보는 장사가 아닐 것이다. 이를 통해 우리는 단순 매출을 통해 브랜드를 결정하는 게 문제가 된다.

나도 저들처럼 되겠지라는 '희망'….

이 자체가 제일 무섭다. 정작 왜 잘되는지 왜 저매출이 나올까 하는 이유가 먼저이고 그 다음에 희망이다. 필자가 말하는 매출의 함정에서 벗어나려면 몇 가지 확인해보아야 한다.

첫째, 아무리 억대 매출이어도 짧은 기간의 성장에 현혹되지 말자.

신규로 시작하는 가맹본부는 이미 수백개의 가맹점을 가진 경쟁사 가맹본부를 이기기 어렵다.

만약 이기기 위해서는 전체 매장이 아닌 하나의 매장과 매장의 매출로 승부를 봐야 한다.

예로 한 상권에 경쟁사와 경쟁을 하게 된다면 반드시 이겨야 예비창업자들에게 어필 할 수가 있다.

그렇다면 가맹본부 입장에서 그 기간에 할 수 있는 모든 마케팅 및 광고가 분명 따라가야 하기에 순수 실력보다 대행사를 통해 광고비를 쏟아서라도 이겨야 하고, 자체적인 할인행사나 이벤트 진행도 하여 경쟁사와의 승부를 던지는 게 프랜차이즈 가맹본부의 핵심전략이다.

이에 우리가 가맹본부를 선택 시 전체가 아닌 한 상권에서 경쟁사보다 우위가 있다고 가맹본부부터 브리핑을 받았다면 더욱 전체적인 검증을 통해서 결정해야 한다.

직접 손님으로 가서 다른 곳보다 가격할인이 많은지 서비스가 다른지, 메뉴가격과 가성비가 좋은지, 임차료가 비싼지부터 알아보고 품질에 대한 객관적인 평가를 통해 스스로 이래서 여기는 대박집이구나 하고 검증이 됐다면 다음 스텝으로 가도 될 것이다. 그리고 나서 고매출이 특정월이 아닌 최소 1년 이상 유지된 매출인지 확인해 보아라. 그런데 다른 데 비해 특별한 차이가 없는데 유독 고매출이라면 분명 비수기, 성수기 그리고 광고투입과 행사비 투입 등 많은 변수가 있을 것이다.

또한 홈페이지나 광고에 노출된 매출은 대부분 오픈 초기나 특정 마케팅 월 아니면 상권이 좋거나 가장 잘되는 매장을 기반으로 노출시킨다. 절대 평균 매출을 가진 가맹점이 아니다.

반대로 평균매출로 광고를 올리는 브랜드는 바로 계약하라고 말하고 싶다. 그런 가맹본부는 보지를 못했다. 그만큼 프랜차이즈는 상권에 따라 전부 다르다는 걸 기저에 깔고 창업에 임하기 바란다. 그 외 24시간을 운영하면서 그 부분 내용을 뺀 부분부터 가맹점 오픈 매출만 골라서 정보에 입력하는 가맹본부부터 정보에 대한 기준이 각자 다르니 꼭 유념하기 바란다.

메뉴개발 시스템이 없는 가맹본부는 거르자 팥 없는 찐빵과 같다

창업에서 가장 중요한 게 매출이라면 본질은 무엇일까?

필자가 보는 외식업 특히 프랜차이즈 외식창업에서의 본질은 바로 "메뉴개발 시스템"이다. 결론부터 말하면 '메뉴 개발이 시스템화 되어 있지 않은 가맹본부'는 무조건 피하는 것이 좋다. 모든 사업이 그렇겠지만 누구나 오랫동안 잘 하고 싶어한다. 외식창업은 특히나 자영업이기에 더욱 그렇다. 하지만 현실은 작년 평균 폐업률이 50% 가까이 높아졌다. 물론 배달전문점과 고금리와 고임금 그리고 코로나 이후 경영이 어려워져서 버티다 폐업을 감안하더라도 정상적인 수치는 아니다. 이래서 최근 창업이 더 불경기라고 말 할 수 있다.

장수하는 프랜차이즈 기업 분석을 해보면 그 답은 나온다. 오래 가는 가맹본부는 대표가 가장 중요하게 보는 직무 중 하나가 메뉴개발 부서이다. 모든게 유행인 시대, 패션, 음악, 문화 그리고 음식도 마찬가지.

품질과 서비스는 최상인 상태로 유지는 기본이면서 시대의 트랜드에 따라 항상 새로운 것이 출시되어야 하고 경쟁사 동향도 살펴야 한다. 또한 내 주변에 강력한 프랜차이즈 매장이라도 입점을 한다면 나 홀로 모든 것을 준비하고 대응하기가 어렵다.

또한 가장 중요한 새로운 것에 대한 소비자 반응이다.

쉽게 말해 고객은 의리가 없다. 언제라도 새롭고 좋은 곳이 있다면 떠나는 게 고객이란 점이 가장 두렵다.

이로 인해 중장기적으로 창업을 바라보아야 하는 예비창업자들이 프랜차이즈를 선택하게 된다.

프랜차이즈 시장을 들여다보도록 하자.

국내 아이스크림 시장을 예를 들어 국내 최대 가맹점 수를 보유한 b사 아이스크림이 세계적인 아이스크림 브랜드와 대기업브랜드 그리고 유명 브랜드들을 다 이기고 수십년간 1등을 하는지? 그리고 왜 10년 이상된 가맹본부는 여전히 시즌에 따라 신메뉴가 나오고 그거에 맞춰 광고가 진행되는지를 봐야 한다. 고객은 생각보다 실증주기가 빠르다. 최근 탕후루만 봐도 알 수 있듯이 특히 주거상권은 더 빠르다. 재 방문률이 떨어지기 때문이다.

왜 우리가 유명 파티쉐가 운영하는 베이커리보다 P사 베이커리를 더 가는지?

품질, 가격, 입지, 마일리지 다 중요하지만 결국으로 가면 '질린다.' 즉 새로운 거에 대한 욕구가 있을 것이다.

이걸 아는 B사 치킨은 경기도 이천에 치킨대학이라는 대규모 r&d연구소까지 오래 전부터 운영해왔으며 떡볶이와 김밥으로 유명한 j사는 대표가 직접 메뉴 개발실을 운영하며 수백까지의 메뉴가 나와도 출시는 함부로 하지 않는 철학이 있다. 그만큼 기업마다 메뉴개발에 신경쓰는 브랜드만이 경쟁력이 있다는 걸 안다. 하지만 현실은 그렇지 않다. 프랜차이즈 대부분이 기업마다 메뉴개발 인원이 몇 명이나 근무할까? 1명 있으면 그나마 잘하는거라 감히 말할 수 있다. 대부분 메뉴개발은 외주에 의존하거나 사업 초기 세팅 후 수년간 같은 방식으로 진행하고 이후는 벤치마킹을 통한 외주에 맡겨 출시한다.

결국 돈을 벌어야 메뉴개발 시스템이 갖춰지니 우선 영업을 통해 돈을 벌고 후에 갖추겠다고 하니 그 전에 오픈한 가맹점은 고스란히 피해 아닌 피해를 보게 된다.

예전 유행했던 핫도그 브랜드가 좋은 사례인데 현재는 M사 핫도그 외에는 시장에서 보이지 않는다. 이유는 결국 남아 있는 M사는 메뉴개발과 패키지 개발을 통해 소비자들의 끊임없는 트렌드를 읽고 운영되어 왔고 나머지 유사 브랜드들은 시작은 비슷하게 할 수 있었으나 이후에 영업 즉 가맹점 오픈영업 외에는 중요하지 않았다.

당장 앞만 보다 보니 결국 본질에 충실하지 못해 본사가 망해 결국 가맹점이 큰 피해가 되어 우리나라 창업 폐업률에 고스란히 기록되었다. 이뿐 아니라 꽈배기, 탕후루, 죽, 와플, 고기집, 레트로 포차 등 젊은층이 소비하는 업종이나 대중적인 업종일수록 그 주기는 더 빨랐다.

결론은 프랜차이즈 사업에서 컨셉 디자인, 영업 중요하지만 오래 가기 위해서는 반드시 본사에 메뉴개발 시스템이 있어야 하고 꼭 확인해야 한다. 짧고 굵게도 아니고, 가늘고 길게도 아닌 단단하고 오래 가는 게 진짜 승리자이다.

본사의 운영구조를 알자
기본에 충실해야 무너지지 않는다

우리 매장만 잘 운영하거나 필요한 부분만 보면 되지 본사의 운영구조까지 파악해야 하느냐는 질문에 필자는 이렇게 답변한다.

'싱싱한 과실을 제공하려면 튼튼한 나무를 선별해야 한다' 고, 좋은 가맹본부를 찾기는 중요한 만큼 어렵다는것도 현실이다. 하지만 가맹사업을 하기 위해 본사는 공정거래위원회에 정보공개서를 등록하기에 우리는 기본적인 본사의 정보를 알 수가 있다.

하지만 필자가 상담 시 기본적으로 주는 정보공개서에 대한 질문은 10명 중 1명 채 안된다. 왜? 어려워서? 관심 없어서? 그럴수도 있다. 하지만 우리는 편하게 정보를 보고 싶어한다. 편하다는건 쉽게 정보를 보고 싶어하기에 그만큼 실수도 실패도 있다는 것이다.

작년 기준 폐업률이 40%인데도 이 부분에 대한 질의가 없는 점주, 그냥 의무적인 요식행위에 일환으로 가는 중일 수도 있다. 하지만 또 반대로 너무 정보공개서만 가지고 기업을 평가하는 예비 창업자들도 있다. 예로 작년 폐업률은 높지만 컨셉 변화로 그 만큼 현재 상황이 발전적인 요소도 작용한다. 그 사례가 배달전문점에서 일반 홀과 배달 두 가지 다 운영하는 전문점으로 변화한 D사 찜닭전문점이 있다.

배달전문점은 폐업이 일반전문점보다 당연히 높을 수밖에 없는데 그 부분은 파악하기 어려울 수 있다. 본격적으로 본사의 운영구조와 시스템을 파악하기 중요한 사항을 체크해 보기로 한다.

첫째, 물류 시스템을 방문해라. 프랜차이즈 근간은 본사에서 물류를 공급받아 가맹점이 운영하는데 물류센터가 어찌 운영되는지? 물류배송주기는 어떤지? 아니면 대행업체에 물류를 맡기고 운영되는지?의 대한 질문이 없다. 그저 물류 납품가에만 관심이 있다. 물류 납품가에 가장 크게 작용하는 원가는 물류를 직영으로 본사가 운영하는지 3자 물류를 쓰는지에 따라 가맹점 운영 원가가 다르다.

일반적으로 믿을 만한 프랜차이즈들은 성장과 더불어 인프라구축에 투자를 하기 마련이며 가장 먼저 물류센터 구축에 계획을 잡는다.

국내 프랜차이즈에서 자체 물류 운영하는 본사는 손에 꼽겠지만 성장하는 가맹본사는 이미 물류계획을 가져야 성장하는 것을 알고 있다.

둘째, 생산은 어디서 하는지 알아야 한다. 물류와 마찬가지로 자체적으로 납품목의 중요 필수품목을 자체 생산하는 기업이 있을테고 반대로 외주업체를 통해 납품하고 거기에 이윤을 붙여서 운영되는 구조나 아니면 PB상품을 외주업체와 개발하여 만들어 납품하는 방식이다. 정말 경쟁력 있는 회사라면 작게라도 자사품에 대한 생산을 하지 않고 외주와의 거래에서 유지하고 이윤을 붙여 납품하는 방식을 하지 않을 것이다. 그만큼 가맹점주의 원가만 높아진다는 것이다.

진입장벽이 낮은 프랜차이즈 가맹사업이라 이런 시스템 없이 본사에 영업과 관리조직으로도 가맹사업을 할 수 있는 게 문제고 이걸 확인하지도 않고 높은 가맹비와 로열티, 교육비를 주고 창업하는 점주들이 아직도 대부분이다. 제대로 운영시스템을 갖춘 본사에는 당연히 높은 가맹비와 교육비, 로열티를 지급하더라도 그만큼의 가치가 있지만 반대인 경우는 생각해 봐야 할 부분이라 본다.

기획 프랜차이즈라는 용어가 생소하겠으나 업계에서는 흔한 말이다. 기획만으로 만들어진 프랜차이즈 즉 생산, 물류, 연구개발 없는 영업과 관리 그리고 컨셉만으로 유명브랜드 카피를 통해 만들어진 브랜드이다.

예로 ○○탕후루가 성공하자 무수히 많은 탕후루 전문점이 우후

죽순 늘어났다. 생산, 물류, 메뉴개발 시스템 없이 그저 기획만으로 유사하게 매장을 만들고 나머지는 전부 외주에 의존한다.

원조 탕후루보다 경쟁력이 없기에 가맹비, 교육비, 로열티 할인으로 창업비에 대한 경쟁력만 가지고 시장에 나와 예비창업자들을 만난다. 실제 A라는 사람은 ○○탕후루 창업비가 비싸서 찾다가 유사한 탕후루 업체를 발견했고 인테리어 컨셉도 좋고 상담도 잘되고 창업비도 30% 절감되어 창업했는데 결과는 지역 내 소비자들은 유명 프랜차이즈로 향했고 선택한 브랜드는 결국 1년도 안되서 폐업했다.

이유는 3가지였다.

우선 원조만큼 비슷하게 시작했지만 이후 신메뉴가 나오지 않고 납품았고 납품가도 차이가 있다는 걸 후에 알았다. 직접 생산을 안하고 외주 업체를 통해 받다 보니 탕후루 업체(가맹점?)가 늘면서 가격 상승으로 원가는 점점 상승했고 발주하면 배송 주기도 매일 배송이 아니라 정작 필요 할 때 상품이 없어 인기없는 상품이 진열되는 상황도 있었다. 하지만 원조 ○○탕후루 본사는 자체 생산으로 안정된 운영과 신메뉴 출시로 가맹점주들에게 경쟁력을 주었고 시장에서 1위를 지속 점하므로 현재도 어렵지만 성업 중이다. 기본적이지만 기본을 잘 알아보지 못해 망하지 말고 꼼꼼하게 잘 살피고 체크하길 바란다.

마지막으로 셋째, 본사의 평판으로 본사의 운영형태를 파악해라. 정성적이고 주관적일지 모르는 평판 체크이지만 그래도 나라의

민심을 파악하는 정치인처럼 지역별 점주가 생각하는 본사 평판을 참고해야 한다.

본사 영업담당자의 말만 듣고 주 1회 방문시스템 및 매출 저조 시 마케팅 지원과 관심 그리고 여러가지의 지원 등으로 처음에는 믿을 만한 본사였지만 후에 큰 후회를 하는 점주들이 많다.

입장의 차이 주관적인 이야기일지라도 일단 듣고 메모하자. 그리고 이후 정리해서 본사 계약 전에 꼼꼼하게 묻고 따져서 피해를 보지 않도록 준비하면 된다. 예상컨대 본사로부터 제대로 된 답변을 받을 것이다. 이미 오픈한 가맹점 스토리가 나의 가장 좋은 창업학습이자 안전창업으로 가는 길이다.

가맹본부 오너 리스크 확인
리더의 중요성

"내가 하는 프랜차이즈 브랜드를 대표하는 오너 즉 본사 대표 및 최고 결정자가 리스크가 있는 사람이라면?"이란 질문의 답은 '폐업'이다.

작은 부분이라도 부정적인 여파가 있다면 지금같이 SNS가 활발한 시대에 바로 불매운동이 시작된다. 그 중에 가장 큰 화두는 오너리스크다. 최근 몇 개의 브랜드 오너리스크 키워드는 이렇다.

갑질피자, 성추행치킨, 마약버거, 각질커피, 재활용 죽, 빨아쓰는 고기 등으로 고객들에게 비아냥과 불매까지 겹치면서 브랜드의 이미지는 추락하고 다시 회복하기에는 막대한 돈과 시간이 필요하다.

본사야 어렵지만 유지가 되겠지만 가맹점은 지역에서 외면 받아 경쟁사에게 밀리고 폐업하는 수순으로 간다. 반드시 체크해야 하며 주변 점주들을 통해 평판도 들어야 할 것이다.

또한 직영점 운영 여부를 파악해서 직영점이 없는 기업은 되도록 피해라. 직영점 운영은 가맹사업에 필수지만 손실 문제로 접는 기업이 많다. 그 말은 가맹 사업 납품을 통해 수익을 얻고 정작 잘해야 하는 직영점은 운영 못하는 아마추어 확률이 높다.

기업은 운영을 잘한다. 그런데 직영점이 계속 폐업한다고 해서 주변을 통해 알아봤다. 의외의 대답이었다. 대표의 갑질에 직원들이 한달 이상 버티기 어렵고 인건비를 정한 한도에서 운영하다보니 피로도가 높아 이직률이 높았던 것이다. 점장이 수차례 건의했지만 답은 해고로 돌아왔으며 점장 해고에 매니저 및 직원들이 순차적으로 퇴사해 신규직원이 와도 적응 못해 그 고매출 하던 매장이 폐업하게 되므로 더이상의 직영점을 운영하지 않는 브랜드사가 있었다.

이 부분은 스타벅스와 참 대조적이다. 가장 중요한 고객이 직원이라고 한 스타벅스와 정 반대의 기업~ 오너의 갑질로 직원마저 등돌린 기업 가맹사업을 얼마나 오래 잘 할 수 있을까 의구심이 든다.

또한 맛집에서 브랜드로 성장한 가맹본부도 잘 들여다 보도록하자. 선입견을 갖자는 게 아니고 기업이 아닌 맛집 운영 경험과 기업 운영과는 하늘과 땅 차이다. 기업은 각 부서별 역할과 책임이 있고 시스템을 통해 운영이 되지만 맛집은 주방과 홀 그리고 책임자를 통해 바로 고객과 소통한다.

 맛집에서 성공해서 갑자기 성공한 브랜드는 성장통이란 걸 반드시 겪게된다. 의외의 사고와 변수들로 회사가 어려워질 수도 있고 점주들에게 책임지지 못할 약속으로 피해도 간다. 그중에 대표적인 사례는 ○○족발/보쌈 업체는 맛집으로 성공했다. 오피스에서 시작하여 가맹사업을 위해 투자를 하고 기업하던 중 난관에 부딪혔다. 개인매장은 직접 족발과 보쌈을 삶고 운영되는 시스템이다. 정성과 수고가 많아 인건비가 굉장히 높고 어중간한 매출 시 적자도 나올수 있다. 그리고 경쟁사가 많아지고 점점 원팩화 해서 가맹점에서 직접 데워서 나가는 정도로 간편해졌다. 하지만 원가가 비싸다는 단점이 있지만 점주들은 오히려 늘어나는 인건비와 힘든 노동을 생각하면 훨씬 좋다고 판단했다.

 하지만 위의 ○○족발/보쌈 대표는 원칙을 고수하고 본인의 장사 스타일대로 운영했고 점주들의 수없는 요청에도 복지부동 자세를 취해 결국 1위 자리는 내주게 되었고 늘어나고 성장하는 경쟁사에 뒤져 후순위 업체로 전락하여 점주들은 폐업과 매출 급감으로 이어져 피해를 보았다.

이 또한 오너 리스크라 볼 수 있다. 기업은 오너의 생각만으로 운영이 될 수 없다. 봐야 할 것들이 많고 기업을 지탱하는 게 가맹점이란 걸 반드시 알아야 한다.

마지막으로 리스크 중 하나는 2세 경영이다. 유능한 2세도 많지만 반대로 잘못된 판단으로 경영을 어렵게 하여 가맹본부가 어려움을 겪는 상황도 있다. 보통 1세대 프랜차이즈에서 성공한 기업에서 20여년 간 운영된 프랜차이즈 경영을 가업으로 2세에 넘기는 기업은 이미 기업화된 경우가 많기에 속속히는 모르지만 잘 운영되고 있다고 본다. 하지만 기업화 되기 전 몇몇의 가맹점 성공과 가맹점 오픈으로 단맛을 본 몇몇 프랜차이즈에서 2세를 통해 핵심부서장을 시켜 운영하다 대표까지 되어서 운영되는 기업이 있는데 잘못된 2세 경영으로 회사는 나락으로 가 경쟁력을 상실한 사례가 빈번하다.

○○피자가 대표적인 사례인데 2세 경영을 통해 젊은 경영으로 많은 프랜차이즈 모델을 만들었다. 외부에서는 볼 때 경쟁력이 있어 보이기도 했지만 문제는 내부에서 일어났다.

지인 위주의 채용으로 전문성이 떨어진 경영을 했다. 본인이 전문가가 아니다 보니 전문가로 이뤄진 직원들을 대하기 어려웠을테고 이에 편한 지인 찬스로 경영하면서 간부급들이 퇴사하고 토사구팽이 되어 경험이 전무한 직원들로 세팅 되어 2세 경영이 시작되었다.

첫째, 문제 해결능력이 없었다. 가맹점에서 일어나는 여러 사건들을 해결하지 못하여 점주들의 언성이 높았고 중요한 이벤트와 행사 시기도 놓쳤다. 경쟁사에 대한 정보가 부족해서 대응도 늦었다. 이에 경쟁력 없는 브랜드가 되었다고 한다.

둘째, 새로운 브랜드 런칭으로 기존 브랜드에 대한 관심도가 떨어져 기존 점주들이 브랜드사를 떠나거나 피해를 보았다. 첫째 브랜드조차 운영이 원할치 않은데 브랜드만 만들어서 오픈에 급급하게 되자 더욱 악순환이 되어 경쟁력이 상실되었다.

셋째, 이직률이 높았다. 잦은 이직으로 가맹점을 관리할 운영 슈퍼바이저가 바뀌어 점주들에게 매번 반복되는 피로도는 말로 할 수 없었다. 물론 2세 경영이라고 잘못된 부분이 절대 아니다. 브랜드를 선택하기 전에 2세 경영 브랜드라면 성장통과 브랜드 관리 능력에 대한 점검을 철저하게 하기 바란다.

가맹점주들은 마루타가 아니다. 실전이며 생업이다. 예비창업자들은 가맹본부 선택 시 이런 부분들까지도 봐야 할 수고는 있지만 결국 생계를 꾸려야 하는 자영업자들이 대부분이니 절대 관가해서는 안 될 것이다.

_ 인지도보다 선호도가 중요하다. _ 내 상황에 맞게 비교하자
_ 매출의 함정을 기억해라 _ 보고 싶은 것만 보지 말고 보이지 않는 것을 봐야 한다.
_ 프랜차이즈 본질은 메뉴 개발에서 나온다. _ 오래 가고 싶다면 메뉴개발이 핵심이다.
_ 본사의 운영 구조는 팩트만 _ 객관적인 정보와 평판 두 가지를 살펴야 실패가 없다.
_ 오너리스크의 최후 _ 결국 리더가 제일 중요하다.

결국 예비창업자들 스스로 점검하고 세심하게 봐야 할 부분이라고 생각하고 창업은 그만큼 철저한 준비와 자세가 되어야 성공할 수 있다고 본다. 아직도 스스로의 삶의 경험과 좁은 정보를 통해 창업을 준비한다면 50%는 실패할 것이다. 운이 좋은 몇몇의 창업자를 제외하곤 결국 오래 가지 못할 것이다. 그마저 단발성에 끝날 수도 있는 게 프랜차이즈 창업 시장이다.

이제는 스스로에게 물어보자. 이용자도 되어보고 서비스와 물류 공급하는 가맹본부 입장도 되어본 후 하나씩 따져보자. 어떤 프랜차이즈 창업을 해야 하고 어떤 가맹본부를 선택해야 할지! 그럼 안 보이던 게 하나씩 보일 것이다.

우리는 해변에 앉아서 바다를 바라볼 때 눈앞에 철썩이는 파도는 보아도 파도를 일으키는 바람은 보지 못하였다. 어쩌면 창업 준비의 진짜 이유를 보지 못해서 폐업하지는 않을까 따져 보자. 진짜 성공과 실패의 이유가 보여지지 않는 곳까지 존재한다는 것을 놓치지 말고 꼭 보아야 한다.

마지막으로 대박 창업을 꿈꾸기 전에 안전창업을 먼저 생각하자 결국 대박 창업이 될 것이다.

에필로그

지금의 창업시장은 급변하는 트렌드의 변화, 어려운 국가의 경제 상황, 금리인상, 부동산 경기, 최저임금 인상, 난립한 가짜 프랜차이즈 전문가, 경쟁력 없는 가맹본부와 같은 위험요소가 많다. 즉 만인만색이라고 할 만큼 창업 전 고려해야 할 만한 경우의 수가 펼쳐지는 시장으로 성공 전략을 정형화하기 쉽지 않다.

그 가운데 우리는 여전히 창업을 준비하고 있다. 그 가운데 창업에서 우선 선택해야 할 개인창업과 프랜차이즈 창업을 고려해야 한다. 이후 좋은 창업아이템을 선택해야 하고, 수많은 프랜차이즈 가맹본부를 골라야 하는 어려운 과제가 많다. 그 어려운 일인 만큼 우리는 보여지지 않는 이면까지도 조사하고 준비해야 할 것이다.

평생을 모은 창업자금과 퇴직금으로 창업을 준비하고, 부족한 부분은 동업, 대출을 통해 꿈 같은 성공을 기대하며 준비한다. 하지만 실상 개업한 지 1년만에 폐업을 하는 매장이 절반에 가까울 정도로 어려운 상황이다. 평균 6개월 남짓의 준비기간을 통해 가지각색한 방법을 통해 정보를 취합하고 경험하며 창업 전선에 뛰어갈 준비를 하는 예비 창업자들을 위해 명쾌하고 쉽게 실패를 하지 않는 안전창업의 방향을 제시하고자 한다.

나는 이 책을 통해 수많은 예비창업자들이 '사기꾼'에 가까운 가

짜 창업 전문가에게 속지 않고 똑똑한 창업을 할 수 있는 방법과 현장 사례를 중심으로 성공적인 창업을 위한 노하우, 사업을 운영하는 데 필요한 전략에 대해 이야기한다.

트렌드의 변화와 더불어 빠르게 변해 가는 외식업계의 상황 등을 객관적으로 프랜차이즈 가맹본부의 성공과 실패의 객관적인 시각으로 바라보면서 창업 시장에서 살아남기 위해서 필수적인 대안을 제시한다. 또한 많은 실제 창업자들이 겪는 실패를 사례로 알아보면서 그 대안을 말하고 창업노하우와 솔루션을 제시하고 있다. 20년 넘는 기간 창업 및 프랜차이즈 업계를 컨설팅과 운영을 해오면서 수많은 예비창업자와 현직 종사자분들을 만나왔다. 막연한 장밋빛 미래를 그리는 예비창업자들과 남부럽지 않은 성공적인 창업을 일궈내신 분들, 그리고 처절한 실패의 벼랑 끝에 있는 분들까지… .

그 중에서도 특히나 앞으로 언젠가는 경쟁에서 뒤처지지 않을까 하는 막연한 불안감과 지속적인 업황 유지에 두려움이 많은 현재의 자영업자들을 통해 그들의 성공과 실패 사례를 모아서 예비창업자들에게 그들의 실패 이유와 성공의 방법을 전한다면 적어도 쓰라린 실패는 줄일 수 있으리라고 생각했다.

이 생각에 공감해주신 많은 분들과 크고 작은 사례를 나누고 접목해서 참고할 만한 내용을 정리했다. 무한한 경쟁시대 한가운데에서 제2의 인생과 새로운 창업을 위해 준비하는 분들을 위해 이 책을 통해 진짜 꼭 봐야 하는 안목과 경쟁력 그리고 작지만 성공 전략을 함께 공부할 수 있기를 바란다.